Bergischer Geschichtsverein Abt. Wuppertal (Hrsg.)

Erklär mir mal Wuppertal

Geschichte und Geschichten

Texte von Susann Fiedler, Simone Jacken und Manuela Sanne
Illustrationen von Ariane Rudolph

Edition Köndgen

Inhalt

Vorwort Autorinnen
Manuela Sanne, Simone Jacken und Susann Fiedler

Liebe kleine und große Leserinnen und Leser,

lange ist es her, dass wir dieses Buch mit viel Freude geschrieben haben. Ursprünglich war es hauptsächlich dazu gedacht, euch Kindern ab dem dritten Grundschuljahr dabei zu helfen, eure Stadt näher durch Geschichte und Geschichten kennen zu lernen.

Kurz nach Erscheinen der ersten Auflage haben wir festgestellt, dass es so viel mehr kann! Denn auch Jugendliche, Erwachsene und ältere Menschen finden Gefallen an den kurzen Texten, den liebevollen Zeichnungen und den ausgesuchten Fotografien. Jeder kann zudem entweder neue Aktivitäten in Wuppertal entdecken oder alte, beinahe vergessene Dinge wiedererkennen.

Seitdem hat sich so einiges verändert und daher haben wir zunächst einmal viele Gedanken dazu gesammelt und uns dann an die Umsetzung gemacht. Zum Glück hatte unsere Illustratorin ebenso viel Lust wie wir und hat einige großartige Zeichnungen für die neuen Texte angefertigt.

So ist diese überarbeitete Neuauflage entstanden, die viele Eindrücke der letzten sieben Jahre enthält. Ihr werdet überrascht sein, was euch Wuppertal alles zu bieten hat. Wir wünschen jedem, der sich dieses Buch gönnt oder es geschenkt bekommt, ganz viel Freude damit!

Vorwort Thomas Helbig
Verleger Edition Köndgen

Liebe Leserinnen, liebe Leser,

ein neues Buch ist für einen Verleger wie ein neues Kind, das man aus dem behüteten Schutz der Verlagsfamilie in die weite Welt schickt. Solange das Buch mit viel Liebe erstellt wird, kann man noch Verbesserungen und Änderungen vornehmen. Jetzt aber liegt alles unveränderbar in gedruckten Buchstaben vor – „das Kind ist erwachsen geworden“ und muss sich in der Welt der anderen Bücher behaupten.

Der Verlag Edition Köndgen zeigt mit zahlreichen Büchern für Kinder und Erwachsene die vielen bunten Seiten unserer Region auf. Das vorliegende Buch ist dabei ein besonderes, welches von Wuppertalern für Wuppertaler geschrieben wurde. Als Gemeinschaftswerk zeigt es, dass man zusammen viel erreichen kann. Die reiche Vergangenheit unsere Region im Tal der Wupper wird darin verdeutlicht und es kann uns alle stolz darauf machen, dass wir in einer solchen Stadt leben dürfen. Es lädt dazu ein, diese Besonderheiten auch unseren Gästen und Besuchern zu zeigen.

Obwohl wir das Buch schon so umfassend wie möglich angelegt haben, kann es natürlich nicht alle Schönheiten und Themen beinhalten. Wuppertal hat so viel zu bieten, dass wir durchaus mehrere Bücher daraus hätten machen können. Es sollte aber ein Buch werden, das übersichtlich und anschaulich die Geschichte und Geschichten unserer Stadt erzählt, das wir gerne in die Hand nehmen und mit Freude, Interesse und Spaß lesen.

Die erste Auflage des Buches „Erklär mir mal Wuppertal“ erschien nach mehrjähriger Vorarbeit 2014. Es hatte viele Mütter und Väter, von Lehrerinnen und Lehrern über Mitarbeiterinnen und Mitarbeiter der Stadtbibliothek hin zu den zahlreichen Sponsoren. Der Bergische Geschichtsverein Abt. Wuppertal hat sein 150jähriges Bestehen zum Anlass genommen, dieses Buch den Grundschulklassen in Wuppertal als Jubiläumsgabe zu schenken. Seitdem hat sich viel in Wuppertal getan und wir danken der Initiative „Neustart Kultur“ der Bundesregierung, die es 2021 ermöglichte, eine umfassende Neubearbeitung dieses Titels herauszugeben.

Im Namen aller Beteiligten wünsche ich dem Buch alles Gute für seinen weiteren Weg in die Herzen und Regale der kleinen und großen Menschen.

Thomas Helbig
Verleger Edition Köndgen

Eine spannende Reise in die Vergangenheit

Von der wilden Ur-Wupper, Neandertalern und einem echten Grafen

Du denkst bestimmt, du kennst den Fluss in deiner Stadt? Die Wupper gehört einfach dazu und fließt so dahin, wann immer du vorbeikommst? Schau doch einmal genauer hin. Flüsse sind in ständiger Bewegung.

Das Wasser, das du eben noch gesehen hast, ist schon im nächsten Moment weiter flussabwärts unterwegs. Veränderungen sind also immer da. Zum Beispiel nach starken Regenfällen. Die Wupper führt dann mehr Wasser mit sich, fließt schneller und überflutet die Ufer. Große Veränderungen werden aber nur über einen längeren Zeitraum erkennbar. Gehen wir zurück zur Entstehung der Wupper ...

Wann unsere Zeitreise beginnt

Als vor einigen Millionen Jahren die heutige Wupper entstand, lebten noch keine Menschen auf der Erde. Als Ur-Wupper bahnte sich der Fluss seinen Weg durch ein flaches Land mit subtropischem Klima. Weil es warm und

Beinahe unaussprechliche Zeiten:

Erdaltertum (Paläozoikum)

Devon (vor 410–360 Millionen Jahren) – Die verschiedenen Gesteine formen sich zu dem Untergrund, auf dem auch Wuppertal heute steht.

Erdneuzeit (Känozoikum)

Oligozän (vor 36–24 Millionen Jahren) – Ein neuer Fluss entsteht: Die Ur-Wupper.
Miozän (vor 24–5 Millionen Jahren) – In diesem Zeitraum formiert sich der Ur-Rhein.
Pliozän (vor 5–1,7 Millionen Jahren) – Ab hier erhebt sich das Rheinische Schiefergebirge und es bildet sich das Bergische Land.

Diese spannenden Begriffe sollten dir nicht vorenthalten werden!

feucht war, wuchsen am Ufer dschungelartige Pflanzen. Krokodile fühlten sich hier ebenso wohl wie verschiedene Arten von Säugetieren. Vor der Mündung in ein vorzeitliches Meer gab es sogar Seekühe und Haie. Das Flachland wurde später überflutet, als der Meeresspiegel anstieg.

Wie sich das Tal der Wupper formte

Vor etwa 2 Millionen Jahren begann die Eiszeit. Die Ur-Wupper floss wie heute in den Rhein, der damals schon ein mächtiger Fluss war. Mit der Klimaveränderung gingen starke Temperaturschwankungen einher. Zwischen warmen und dann wieder richtig kalten Zeiten passierte sowohl an der Erdoberfläche als auch darunter so einiges. Bei Kälte kamen zum Beispiel Mammuts und Rentiere, denen Eis und Schnee nichts ausmachte. Andere Tiere zogen dann lieber in wärmere Gegenden. Mit jedem Klimawechsel wanderten auch die Tiere je nach ihren Bedürfnissen. Unter der Erde verschoben sich gleichzeitig mit den klimatischen Veränderungen ganze Gesteinsschichten. Das Rheinische Schiefergebirge erhob sich langsam und formte die Berge und Täler des Wuppertals. Alte Gesteinsformationen findest du bis heute und immer noch wirken diese gewaltigen Kräfte im Erdinneren. Die Schwebebahn fährt zum Beispiel am Hardtufer an steilen Felsschichten aus der Zeit des Erdaltertums (*Devon*) vorbei.

Haie in der Wupper

Elenas Vater kannte in letzter Zeit nur noch ein Thema: das Angeln. Seit Kurzem besaß er eine Fischereierlaubnis. Dafür hatte er richtig gebüffelt, denn er musste allerhand über das Verhalten von Fischen lernen und die Schonzeiten genau kennen. Nun zog er an jedem Wochenende mit Onkel Markus los an die Wupper. Angeblich wimmelte es darin nur so von Forellen, Saiblingen, Barben, Äschen, Döbeln und sogar Raubfischen.

Tja, aber nur angeblich – denn nach Hause gebracht hatten die beiden noch keinen einzigen Fisch. Das war Elena sehr recht. Auf einen Eimer mit zappelndem Inhalt konnte sie gut verzichten. Und tote Fische waren auch nicht besser, dachte Elena, als sie abends im Bett lag. Sie hoffte, dass ihr Papa auch beim nächsten Mal nichts fing, dann würde er sich bestimmt bald ein spannenderes Hobby suchen. Klettern zum Beispiel. Oder schwimmen, mitten in der Wupper, zwischen all den Forellen und Raubfischen, die ihm entwischt waren.

Merkwürdig, plötzlich spürte Elena kühles Wasser um sich herum. Eben noch hatte sie in ihrem Kinderzimmer im Bett gelegen, auf einmal tauchte sie hinab in die Wupper. Sie sank immer tiefer, wie unheimlich! Ein Fischschwarm schoss dicht an ihr vorbei, auf der Flucht vor drei monstermäßigen Verfolgern, die aussahen wie weiße Haie. Aber Moment mal: Haie? In der Wupper? Nein, das konnte nicht sein, irgendetwas stimmte da nicht. Bloß schnell raus aus dem Wasser und aufwachen. Denn logisch, das musste ein Traum sein, dachte Elena noch, bevor sie sich umdrehte und weiterschlief.

Am Morgen konnte sie sich an den Traum nur noch schwach erinnern, aber diese weißen Monsterhaie hatte sie nicht vergessen. Als sie beim Frühstück davon erzählte, meinte ihr Vater: „Da hast du im Schlaf wohl eine echte Zeitreise erlebt. Vor vielen Millionen Jahren, als die uralte Wupper in einen längst vergangenen Ozean mündete, könnten sich tatsächlich auch ein paar vorwitzige Urzeit-Haie in den Fluss gewagt haben.“ Er machte eine kleine Pause. „Es sei denn, sie hätten vor den vielen Krokodilen am Wupperufer Angst gehabt“, fügte er dann todernst hinzu.

Elena musste lachen. Typisch Papa! Er wollte sie wohl mal wieder veräppeln. Aber auf so einen Blödsinn würde sie bestimmt nicht hereinfallen. Und Blödsinn war es doch – oder?

Wo die Wupper entspringt, verläuft und mündet

Der Verlauf des Flusses wird heute zum Teil von Menschen kontrolliert. Aber seinen ursprünglichen Reiz hat er dadurch nicht verloren. Nur wenige Gewässer haben so viele Quellen wie die Wupper. Ungefähr 37 kleine Rinnsale laufen in einem Moorgebiet bei Börlinghausen in der Nähe von Marienheide zusammen. Sie bilden so den Beginn des Flusses, der aus unzählig vielen Tropfen besteht. Verfolgen wir einen dieser Tropfen ab hier, wo der Fluss noch den Namen *Wipper* trägt. Erst nach einigen Kilometern Verlauf wird er Wupper genannt. Unser Tropfen fließt unter anderem durch die Stadt Wipperfürth und landet zunächst in der Wuppertalsperre. Von dort aus nimmt er seinen Lauf durch Wuppertal. Solingen und Leichlingen sind die nächsten Städte, ehe die Wupper in Leverkusen in den Rhein mündet. Hier ergreift die Strömung unseren Tropfen und er fließt in Richtung Nordsee weiter.

Und heute?

Welche Kraft das Wasser haben kann

Ein Starkregen hat 2018 zu Überflutungen geführt und 2021 hat es ein schlimmes Hochwasser gegeben. Menschen verloren ihre Wohnungen oder standen in den verschlammten Überresten ihrer Kellerräume. Auch historisch hat es solche Ereignisse gegeben. Am Von der Heydt-Museum entdeckst du eine kleine Tafel mit Markierungen, bis wohin die Stadt 1845 und 1890 unter Wasser stand. Es gibt jedoch zum Glück viele Möglichkeiten, die Wassermassen zu lenken oder umzuleiten.
Auf **www.wupperverband.de** findest du mehr zu den Themen Wuppersammler, Talsperren und Hochwasserrückhaltebecken.

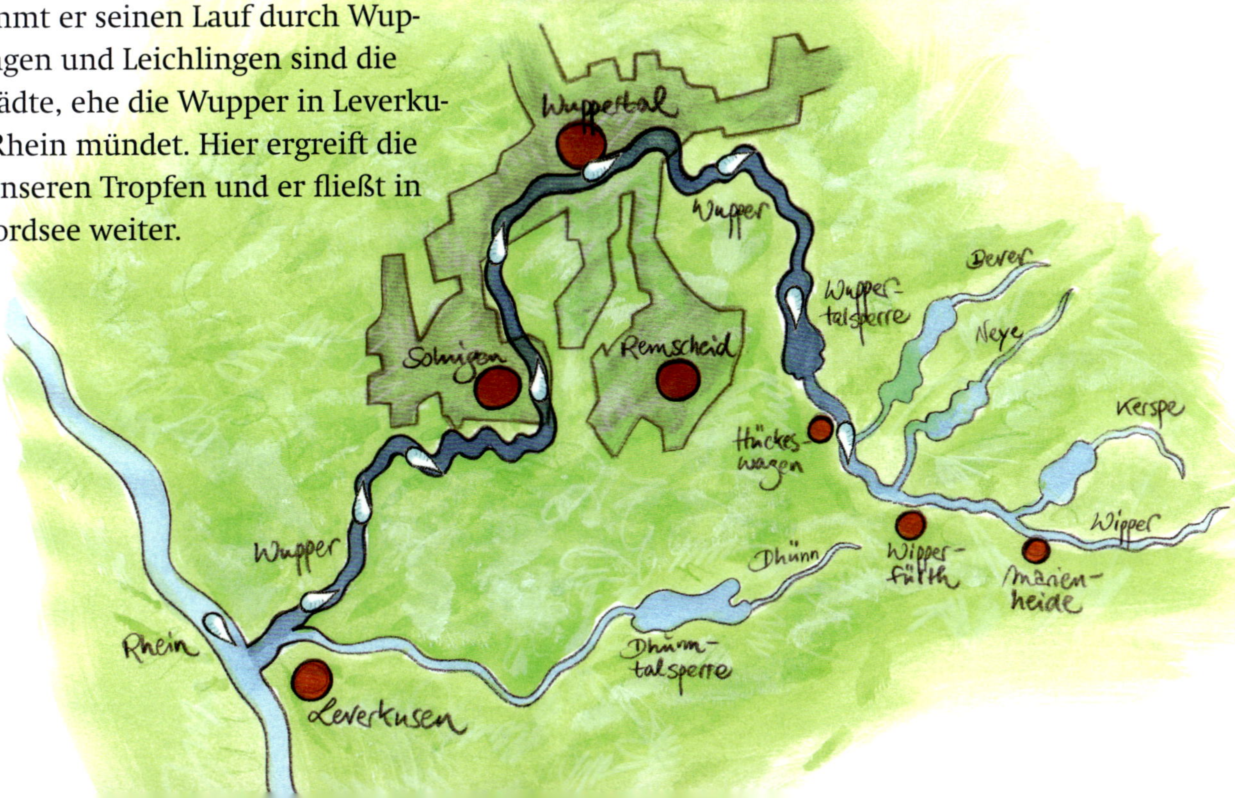

Bemerkenswert

Zu Zeiten der Ur-Wupper:	**Heute an der Wupper:**
Mammutbaum, Sumpfzypresse, Palme	Eiche, Buche, Kastanie
Mammut, Rentier, Wollnashorn	Feuersalamander, Eisvogel, Wasseramsel, Ringelnattern, Zander, Forellen
Haie, Krokodile, Seekühe	
subtropisches Klima	mitteleuropäisches Klima
keine Menschen	sehr viele Menschen
geschlängelter Verlauf	begradigter Verlauf

Warum Lebewesen am Wasser wohnen

Tiere und Menschen halten sich aus vielen Gründen in Wassernähe auf. Zunächst einmal benötigen sie alle Trinkwasser. Dazu kommt die Jagd auf Beutetiere, die sich ebenfalls regelmäßig der Tränke nähern müssen. Später einmal werden besonders Flüsse zu Lebensadern für die Menschen. Sie sind oft der einzige Transportweg für Handelswaren und der fruchtbare Boden ringsum sorgt für reiche Ernten. So weit ist es aber noch lange nicht. Die ersten der Gattung Mensch, die unter anderem auch in der Nähe des späteren Wuppertals lebten, waren zu all dem noch nicht in der Lage. Viele andere Dinge konnten deine extrem spannenden Vorfahren, die Neandertaler, allerdings sehr gut!

Wie der Neandertaler entdeckt wurde

Unglaublich, aber wahr: Beinahe wären die ersten Knochenfunde im Neandertal 1856 auf dem Müll gelandet! Einige der Knochen zeigte man aber zum Glück dem Elberfelder Naturforscher und Professor Johann Carl Fuhlrott, der sie für die Überreste von Urzeitmenschen hielt. Viele seiner Kollegen hielten das damals für falsch. Erst Jahre später stimmte man ihm zu und gab der Gattung den Namen *Homo neanderthalensis*. Diese Neandertaler lebten eine unvorstellbar lange Zeit auf der Erde. Wegen ihrer ausgezeichneten Anpassungsfähigkeit überstanden sie sogar mehrere Eiszeiten. Viel später kam der *Homo sapiens* dazu, eine neue Art der Gattung Mensch. Warum sich diese Art am Ende durchgesetzt und bis heute überlebt hat, während der Neandertaler ausstarb, konnte noch nicht geklärt werden.

Wo der Neandertaler heute noch lebendig ist

Die Neandertaler beherrschten das Feuer ebenso wie die Jagd und fertigten Werkzeuge und Waffen an. Auch kümmerten sie sich um ihre Kranken und Verletzten und waren künstlerisch begabt. Das alles zeigt, wie menschlich sie bereits handelten. Im Neanderthal-Museum bekommst du einen genauen Eindruck davon, wie diese Urmenschen ausgesehen und gelebt haben. Dort stehen Nachbildungen in Originalgröße mit ihren großen Schädeln und dicken Wülsten über den Augen. Knochenteile findest du hier ebenso wie eine Steinwerkstatt und sogar einen Bildschirm, der dich in einen von ihnen verwandeln kann!

Rekonstruktion des Neandertalers

Neanderthal oder Neandertal?

*Das Neandertal, ein Tal an der Düssel bei Mettmann, war der Fundort des ersten Teilskeletts und wurde daher später der Namensgeber für den Neandertaler. Allerdings wurde „Tal" damals noch „Thal" geschrieben. Das Museum trägt als Andenken an diese alte Schreibweise den Namen **Neanderthal-Museum**.*

*Unter **www.neanderthal.de** kannst du Tierspuren verfolgen, Geschichten lauschen, dir die Bastelanleitung für einen Lederbeutel herunterladen und viele weitere Entdeckungen machen!*

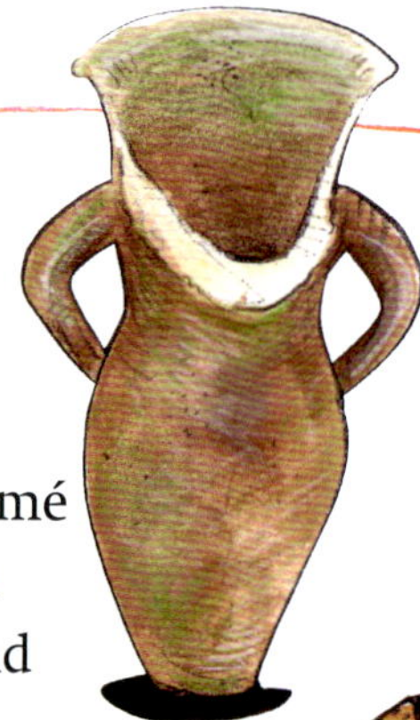

Warum eine Abfallgrube etwas über die Besiedlung Elberfelds verrät

Völlig überraschend entdeckte Harald Thomé am 29. November 2003 im Deweerthschen Garten zwischen Friedrich-Ebert-Straße und Luisenstraße Reste der Abfallgrube eines Bauernhofes aus der Eisenzeit. Zusammen mit der Archäologin Jennifer Gechter-Jones barg er den Fund, der auf das 6. bis 4. Jahrhundert v. Chr. datiert wurde. Eine Sensation, denn mit einer so frühen Besiedlung hatte niemand gerechnet. Die damaligen Bauern bewirtschafteten große Einzelhöfe, die aus Fachwerkgebäuden bestanden. Lebensgrundlage waren Ackerbau und Viehzucht. Zusätzlich wurden im weiten Umkreis die Wälder zur Jagd und zum Sammeln des Honigs wildlebender Bienenvölker genutzt. Auch die Wupper bot Abwechslung auf dem Speiseplan, denn es gab zum Beispiel fette Lachse zu fischen. Im Herbst mästete man die Schweine in den Wäldern mit Eicheln und Bucheckern.

Die Abfallgrube aus der Eisenzeit

Gefunden hat man Hüttenlehm, 200 ziemlich kleine Tonscherben und ein paar Feuersteinstücke – Überreste vom Hüttenbau und von Kochstellen. Die Geschichtsforscher schließen daraus, dass schon im 6. bis 4. Jahrhundert v. Chr. auf dem Gelände des ***Deweerthschen Gartens*** *Menschen auf einem Einzelhof wohnten. Zu dem Hof gehörten Wohnhäuser, Ställe und Speicher. Ringsherum lagen Gärten, Ackerland und Weiden für das Vieh. Was der Müll der heutigen Zeit wohl später über das Leben der Menschen im 21. Jahrhundert verrät?*

Funde aus der Eisenzeit während der Bauarbeiten im Deweerthschen Garten

Was bis 800 n. Chr. um Wuppertal herum geschah

Ab 200 n. Chr. schlossen sich die Germanenstämme zu Großverbänden zusammen. So konnten sie gegen feindliche Stämme bestehen und hatten mehr Erfolg bei Beutezügen in das Römische Reich jenseits des Rheins. Zwischen Rhein und Weser vereinigten sich die Germanen zu den „Franken", den Mutigen, Kühnen. Als das Reitervolk der Hunnen 375 in der heutigen Ukraine das Gotenreich besiegte, wurde dadurch die „Völkerwanderung" ausgelöst. Germanen stießen in das Römische Reich vor. Die Franken eroberten große Gebiete links des Rheins und viele von ihnen ließen sich dort nieder. Köln war seit 459 fränkisch. *König Chlodwig* vereinigte alle Franken und ließ sich um 500 taufen. Alle links- und rechtsrheinischen Franken wurden Christen. In dieser ganzen Zeitspanne blieb das Wuppertal unbesiedelt.

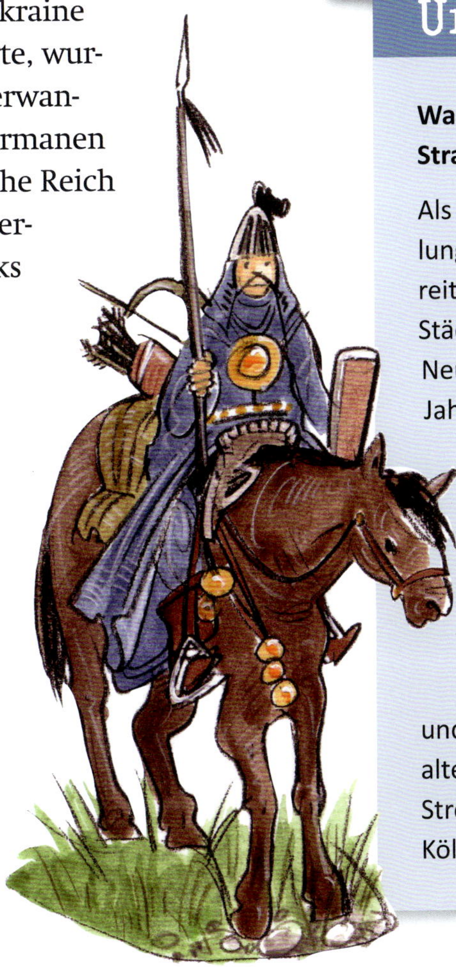

Und heute?

Was moderne Autobahnen und alte Straßen gemeinsam haben

Als im Wuppertal ab dem Jahr 800 die Besiedlung begann, gab es entlang des Rheins bereits aus römischen Siedlungen entstandene Städte. Uns am nächsten liegen Bonn, Köln, Neuss und Xanten – alle sind älter als 2.000 Jahre. Vom Rhein und von Köln, zu jener Zeit *Colonia* genannt, gab es zwei Pfade durch das Wuppertal, die den Weg ins östliche Ruhrgebiet stark abkürzten. Diese waren vor der Besiedlung nur von besonders mutigen Fußgängern und Reitern benutzt worden, wenn es schnell gehen musste. Die Autobahnen A 1 und A 46 verlaufen in der Nähe dieser beiden alten Wege. Heute wählen Autofahrer diese Strecke, wenn sie beispielsweise schnell von Köln nach Dortmund gelangen möchten.

Büste Karls des Großen in der Domschatzkammer Aachen

Wie Karl der Große die Sachsen schlug
Die Nachfolger des Königs Chlodwig waren schwache Herrscher. Dies nutzte der Stammesverband der Sachsen, der zwischen Elbe und Weser siedelte. Die Sachsen waren mächtige Kämpfer, die sich nach ihrem Schwert benannten, dem „Sax“. Im 7. Jahrhundert schlossen sich ihnen die Stämme zwischen Rhein und Weser an, die bis dahin zu den Franken gehört hatten. Frei vom Frankenreich konnten diese wieder ihre alte heidnische Religion ausüben. 751 übernahm die Familie der Karolinger die fränkische Königswürde. *König Karl der Große* beschloss, die Gebiete der Sachsen zu erobern und ins Frankenreich zu integrieren. Das Bergische Land wurde 775 endgültig fränkisch und Karl der Große ließ das Wuppertal besiedeln. Die „Sachsenkriege“ waren aber noch lange nicht vorbei, sie dauerten von 772 bis 804.

Unsere Zeitrechnung

*Maßstab für unsere Zeitbestimmung ist die **Geburt Jesu Christi**. Was vor seiner Geburt geschah, hat den Zusatz **v. Chr.**, was später geschah, hat sich **n. Chr.** ereignet. Historiker unterteilen die unvorstellbar lange Zeit der Erd- und Menschheitsgeschichte in verschiedene Epochen – so zum Beispiel vor Christi Geburt die **Steinzeit**, **Bronzezeit** oder **Eisenzeit** und nach Christi Geburt die **Römische Kaiserzeit**, das **Mittelalter** oder die **Neuzeit**. Du lebst im Heute, in der Gegenwart des 21. Jahrhunderts. Aber in der Zukunft wird auch dieses Jahrhundert einmal Vergangenheit sein.*

Willst du mehr über Geschichte erfahren?
Oder auch über die anderen Zeiten in dem orangenen Kasten oben?
Unter www.kinderzeitmaschine.de entdeckst du viele spannende Antworten dazu, aber auch *Memo-Spiele, Quizfragen und Karten.* Lass dich überraschen und *mach mit*, denn auch diese Rubrik gibt es dort!

Fische für den Erzbischof

„Gunthar ist ein dummer Wicht, Engelbert, den sieht er nicht!", spottete eine Gruppe von Kindern. Am lautesten schrie Ekkehard, der ärgste Raufbold weit und breit. Gunthar versuchte, nicht hinzuhören. Es war der 7. November 1225, Freitag nach Allerheiligen – ein besonderer Tag! Erzbischof Engelbert würde auf seiner Rückreise von Soest nach Köln die Schwelmer Kirche weihen und abends auf dem Fronhof bewirtet werden. Sollte der garstige Ekkehard ihn doch auslachen, Gunthar war es egal – er wollte sich die Ankunft des hohen Besuchs nicht entgehen lassen.

Sein Vater sollte die Fische fangen, die der Erzbischof von Köln heute zu speisen wünschte. So war er losgezogen, um an diesem milden Novembermorgen einen guten Fang in der Schwelme nahe der Wipper zu machen. Das Wasser lief Gunthar im Mund zusammen, als er an den Schmaus dachte, der zu Ehren des hohen Gastes aufgetischt werden sollte. Bestimmt blieb einiges übrig, darauf konnten er und seine Schwestern Irmingard und Hiltrud hoffen. Mutter brachte als Küchenmagd nach einer Festlichkeit manchmal Reste mit nach Hause.

Wo blieb Vater nur? Er hätte längst zurück sein müssen. Mit einem Mal waren in der Ferne Hufgetrappel und Geschrei zu hören. Von allen Seiten stürzten Menschen aus den Häusern und Stallungen herbei. Gunthar sah nun auch endlich seinen Vater, der mit einigen anderen Männern im Laufschritt heraneilte. Dicht hinter ihm näherten sich Reiter und eine Kutsche – saß darin wohl der Erzbischof? Ein edler Herr entstieg der Kutsche und brachte die Menge mit einer Handbewegung zum Schweigen. Gebannt lauschten alle seinen Worten: „Erzbischof Engelbert ist tot! Heimtückisch erschlagen liegt er in seinem Blute! Wir werden hier auf dem Fronhof an seiner Bahre die Nachtwache halten."

„Warum wird er denn nicht in der Kirche aufgebahrt?", fragte Gunthar seinen Vater, der völlig außer Atem neben ihn getreten war. „Unser Pfarrer verweigert das. Das Gotteshaus soll nicht durch Blut besudelt werden!" Nun wollte Gunthar wissen, wer den Erzbischof umgebracht hatte. Das wusste sein Vater aber auch nicht genau: „Eine bewaffnete Horde hat ihm am Hohlweg bei Mylinghausen aufgelauert, mehr ist nicht bekannt. Komm mit nach Hause, Junge. Das Festmahl fällt heute aus."

Gunthar bemerkte erst jetzt die Fische, die sein Vater inzwischen vor ihnen abgelegt hatte und überlegte, was aus ihnen werden würde. Dann dachte er wieder an den Bischof. Ob dessen Augen inzwischen wohl auch so trübe aussahen wie die der toten Forellen?

Wodurch das Bergische Land zu seinem Namen kam

Wenn du zu Fuß oder auf dem Fahrrad im Bergischen Land unterwegs bist, kann das Auf und Ab manchmal recht anstrengend sein. Es ist nämlich tatsächlich ein sehr bergiges Land. Aber seinen Namen „Bergisches Land" verdankt es nicht den vielen Bergen und Tälern, sondern den *Grafen von Berg*. Der erste in einer langen und verworrenen Reihe von Grafen, die alle Adolf oder Engelbert hießen, war Adolf I. Er wurde im Jahre 1101 zum Grafen von Berg ernannt. Sein Sohn Adolf II. war sein Nachfolger. Er war mit der Lage der alten Burg unzufrieden und ließ darum eine neue erbauen – auf einem Felsen hoch über der Wupper, von wo aus man eine gute Sicht über das Land hatte. Damals wurde sie *Burg Neuenberge* (oder auch *Neuenburg*) genannt, heute heißt sie *Schloss Burg* und ist ein beliebtes Ausflugsziel.

Wie Elberfeld und Barmen „Bergisch" wurden

Der nächste Graf war Engelbert I. Er starb 1189 auf dem Dritten Kreuzzug, den Kaiser Friedrich Barbarossa anführte. Damals lebten schon recht viele Menschen in Barmen, das erstmals um 1070 genannt wird, und im 1161 erstmals erwähnten Elberfeld. Elberfeld gehörte dem Erzbischof von Köln, der es aber immer wieder gegen Geld an die Bergischen Grafen verpfändete. Das erste Mal war Erzbischof Philipp I. im Jahr 1176 so knapp bei Kasse, dass er sich Geld vom Grafen Engelbert I. lieh. Als Pfand diente „Elverfelde". 1430 erst wurde Elberfeld endgültig „Bergisch", während Barmen bereits seit 1245 zum „Bergischen" zählte. Auf Engelbert I. folgte sein Sohn Adolf III., der 1218 auf dem Fünften Kreuzzug starb, und dann der jüngere Bruder, Erzbischof Engelbert, der ermordet wurde. Hast du die Geschichte über diesen Mord schon gelesen? Wenn nicht, dann blättere einfach zurück!

Standbild des Grafen im Hof von Schloß Burg

Die Grafen aus dem Hause Berg

Adolf I. von Berg
Adolf II. von Berg
Engelbert I. von Berg
Adolf III. von Berg
Engelbert II. von Berg
(=Erzbischof Engelbert I. von Köln)

Nach der Ermordung des Erzbischofs war Schluss mit dem Grafengeschlecht aus dem Hause Berg. Es gab nämlich keinen männlichen Erben. Irmingard, die Tochter Adolfs III., war mit Heinrich von Limburg verheiratet. Darum gehörte die Grafschaft Berg nun zum Haus Limburg. Als Jahrzehnte danach wieder ein Erbe fehlte, freute sich das Haus Jülich. Aus der Grafschaft Berg wurde das Herzogtum Berg. Dieses zählte später zu den vereinigten Herzogtümern Jülich-Kleve-Berg und schließlich zum Großherzogtum Kleve und Berg.

Wie ritterlich du immer noch sprichst

Es gibt einige Redewendungen, die schon seit dem Mittelalter genutzt werden:

„Er führt doch etwas im Schilde!“

Er hat etwas vor. Er plant etwas Hinterlistiges.

Eine Herkunft: Ritter konnten beispielsweise Waffen hinter ihren Schilden verbergen. So schienen sie zunächst freundlich und schlugen im richtigen Augenblick zu.

„Euch mache ich Feuer unterm Hintern!“

Faulen oder langsamen Untergebenen wurde so eine Strafe angedroht.

Eine Herkunft: Damals füllte man Fässer mit heißen Steinen, setzte sich darauf und wärmte sich so den Po in kalten Burgen. Das war keine Strafe, sondern eine Wohltat. Die Herkunft ist in diesem Fall also das genaue Gegenteil!

„Sie haben dich im Stich gelassen!“

Sie haben dir nicht geholfen. Sie haben dich nicht unterstützt.

Eine Herkunft: Ritter im Turnier benötigten wegen ihrer schweren Rüstungen einen Knappen, um nach einem Sturz rasch wieder aufs Pferd zu kommen. Kam der Knappe zu spät, so ließ er den Ritter ungeschützt im Stich des Gegners. Das heißt, der am Boden liegende Ritter konnte leicht erstochen werden.

„Ich fühle mich wie gerädert ...“

Damit ist gemeint, dass sich jemand körperlich sehr erschöpft und müde fühlt.

Eine Herkunft: Im Mittelalter war das Eisenrad ein Folterwerkzeug. Zur Strafe oder um jemanden zum Reden zu bringen, wurde er auf das Eisenrad gebunden und geschlagen.

Und heute?

Zu Besuch auf Schloss Burg

Schloss Burg musst du einfach gesehen haben! Die große Burganlage war einst teilweise zerstört, wurde aber wiederhergestellt. Es gibt verschiedene Möglichkeiten, dorthin zu gelangen, auch mit dem Auto. Aber das ist langweilig, außerdem sind die Parkplätze am Schloss knapp. Wenn du genug Zeit hast, kannst du von der Wupper aus durch den Wald wandern – in großen Kurven immer bergauf. Ziemlich anstrengend, aber es lohnt sich! Viel bequemer und trotzdem abenteuerlich ist die Fahrt mit der **Seilbahn**. Mit ihr erreichst du die Burg über die Steilseite des Berges. Es fahren auch Busse zu einem Parkplatz in der Nähe. Der Fußweg zur Burg dauert von dort aus ungefähr 10 Minuten. Rund um Schloss Burg, das Burgmuseum und den Ort Burg gibt es so viel zu entdecken, dass du dir Zeit nehmen solltest. Es werden auch Führungen für Schulklassen angeboten, die einen Ausflug nach Schloss Burg machen.

Um auch heute noch in die damalige Welt einzutauchen, kannst du dir einmal eine der Veranstaltungen auf Schloss Burg ansehen. Die **Ritterspiele** oder **Märkte** sind wirklich aufregend. Wieder daheim, kannst du dir (mit ein wenig Hilfe) ein paar „Arme Ritter“ machen. Dahinter verbirgt sich ein Rezept, das nicht nur bei verarmten Rittern sehr beliebt war:

Rezept „Arme Ritter“

4 Scheiben Toastbrot (oder auch alte Brötchen)
150 ml Milch
2 Eier
Salz, Butter für die Pfanne
50 g Zucker, in den du eine Prise Zimt mischen kannst

Verquirle die Eier mit der Milch und einer Prise Salz und lasse die Brotscheiben darin einweichen. Dann lässt du die Butter in der Pfanne heiß werden und legst die Scheiben hinein. Wenn sie von beiden Seiten schön goldbraun sind, lege sie auf einen Teller und bestreue sie noch heiß mit dem Zimtzucker. Das gibt ihnen eine ritterlich rostige Farbe! Wenn du magst, nimm noch Marmelade oder Obst dazu. Oder du legst je eine Scheibe Schinken und danach Käse auf deine Toasts und lässt den Käse schmelzen. Viel Spaß beim Experimentieren!

So gestärkt geht es ins nächste Kapitel. Dort werden die Stadtteile ausführlich erklärt und sicher findest du auch in deinem Stadtteil die eine oder andere Überraschung!

Die Geschichte der Stadtteile

Von Wasserkönigen, Schelmenlöchern und Krähenbergen

Wenn du heute in einem unserer Stadtteile wohnst, bist du ein Wuppertaler Kind. Früher war das anders, denn bis 1929 gab es noch keine Großstadt namens Wuppertal. Unsere Stadt ist also noch recht jung – viel älter sind die einzelnen Teile, aus denen sie entstanden ist. Frühe Urkunden verraten uns, wie die Gemeinden in unserem Wuppertaler Stadtgebiet damals hießen und welche Bedeutung sie für die Region und die Menschen hatten.

Wir nehmen dich mit auf einen Ausflug in die Vergangenheit. Du streifst von Osten nach Westen durchs Tal der Wupper, danach kletterst du auf die Höhen im Süden und Norden. Den Anfang macht Langerfeld, wo der Wasserkönig daheim war.

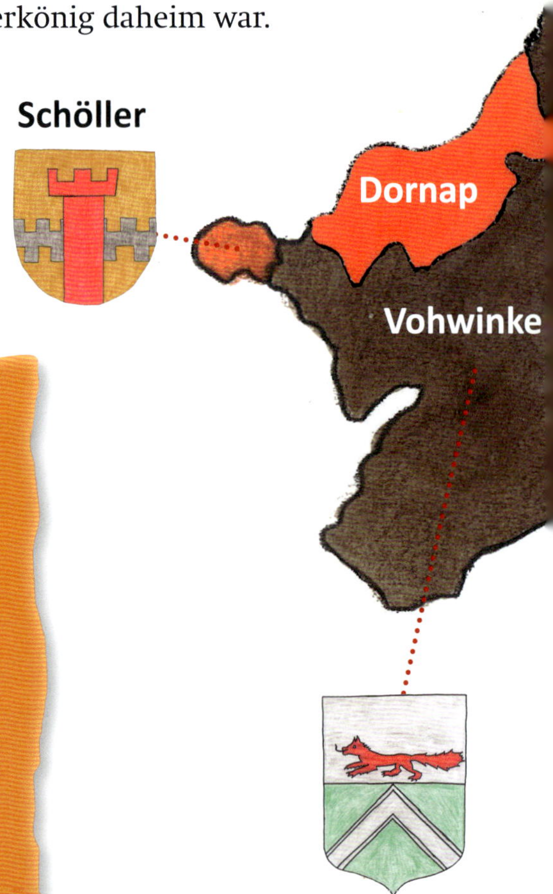

Kleine Wappenkunde

Wappen stammen aus dem Mittelalter und ihre Form geht auf die ritterlichen Schutzschilde zurück. Gerüstet zum Kampf sahen sich alle Ritter nämlich zum Verwechseln ähnlich. Um nicht versehentlich einen Gefährten zu verletzen, hatten die Kämpfer auffallende Farben und gut sichtbare Bilder auf ihren Schilden. Dank dieser Abwehrwaffen waren sie bestens „gewappnet". Auch andere Waffen und sogar Kleidung und Dokumente trugen die unverwechselbaren Merkmale der jeweiligen Wappen.

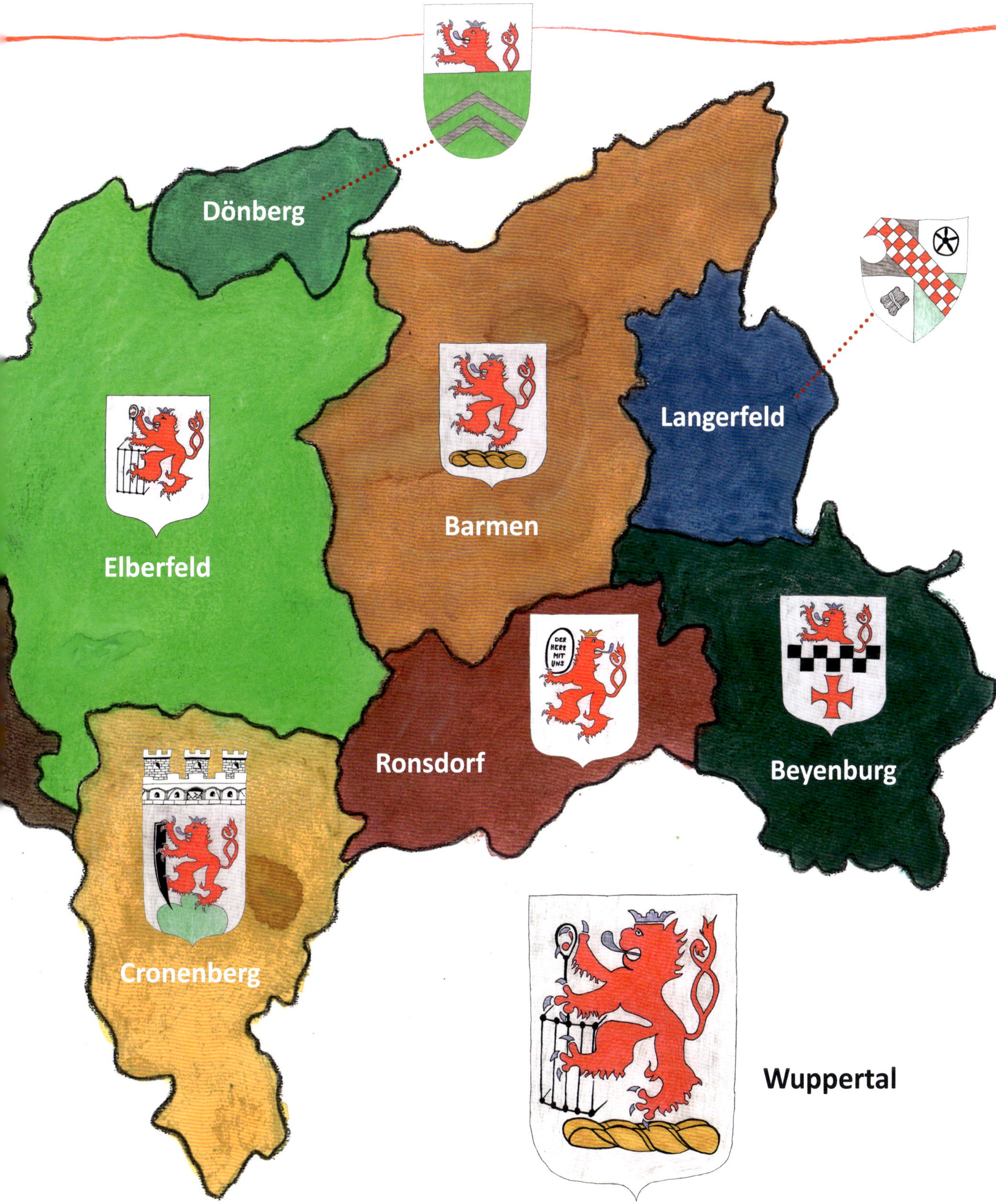
Dönberg
Elberfeld
Barmen
Langerfeld
DER HERR MIT UNS
Ronsdorf
Beyenburg
Cronenberg
Wuppertal

Langerfeld

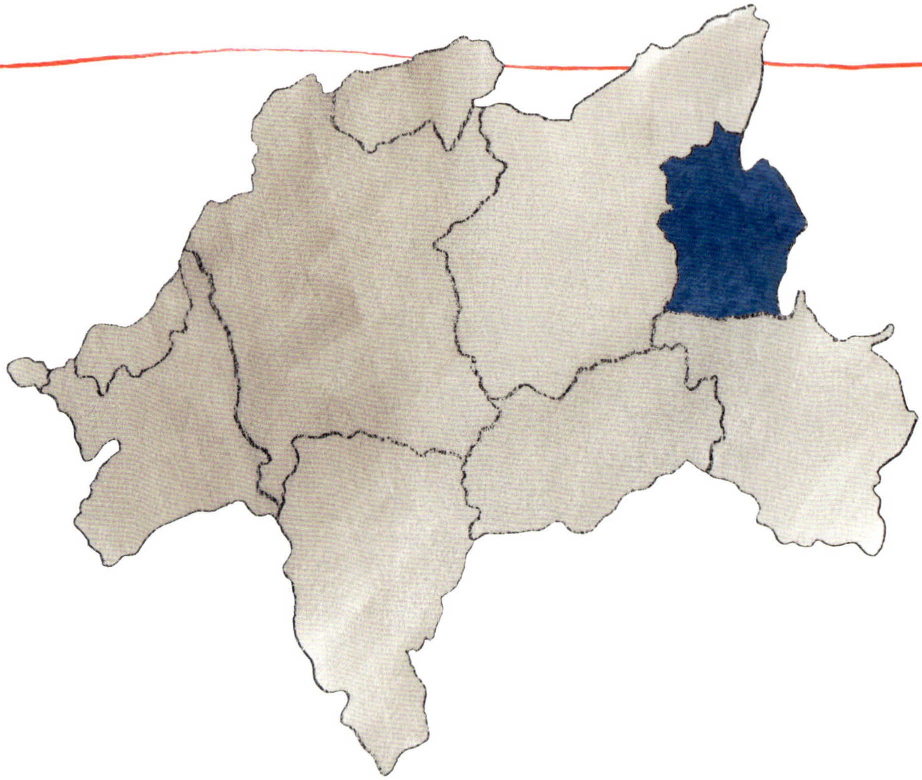

Warum Langerfeld ein besonderes Wappen hat

Das Langerfelder Wappen ist geviertelt. Ein oberes Feld enthält auf weißem Untergrund ein Schwungrad als Zeichen für die heimische Industrie. Es ist auch das Wappenzeichen der adligen Herren von Dobbe (Dobben) zu Lier, einst Besitzer der früheren Wasserburg Haus Rauental. Auf einem der unteren Felder des Wappens ist ebenfalls auf weißem Grund ein Garnbündel dargestellt, das auf die Bleicherei und das Textilgewerbe hinweist. Langerfeld gehörte bis 1922 zu Westfalen. Deshalb enthält das Wappen die alten westfälischen Farben Schwarz, Weiß und Grün. Von oben nach unten läuft der rot-weiße Schachbalken (Schachbrettbalken) der Grafschaft Mark.

Woher der Name „Langerfeld“ kommt

Im Jahre 1305 wurde Langerfeld in einer Urkunde des Abtes in Siegburg erstmalig urkundlich erwähnt. Der Name „Langerfeld“, auch „Langers Feld“, geht wohl auf den Familiennamen „Langer“ zurück. Mit „Feld“ wurde einst ein größeres baumfreies Wiesengelände bezeichnet. Ende des 14. Jahrhunderts gab es über das Langerfelder Gebiet verstreut eine Anzahl Siedlungen, die zur „Bauerschaft Langerfeld“ zusammengefasst waren. Bauerschaft wurde ein kleines Gebiet genannt, das die Bauern selbst verwalteten. Dazu gehörten unter anderem die Wege, Brücken, Gewässer, die Brunnen und das Backhaus. Ein von den Bauern eingesetzter Richter, der Burrichter, regelte in Absprache mit ihnen die wichtigsten Angelegenheiten.

Der Langerfelder Markt mit Kirche

Wie aus einer Schule ein Kirchenhaus wurde

Jahrhundertelang gehörte Langerfeld zum Gerichtsbezirk Schwelm in Westfalen. Hierher musste man nicht nur zur Rechtsprechung, auch die Schule, der Markt und die Kirche befanden sich in Schwelm. Durch die schlechten Wege war ein Fußmarsch sehr beschwerlich und konnte bis zu zwei Stunden dauern. Das änderte sich erst mit dem Bau der Langerfelder Schule 1711. Sie wurde der Mittelpunkt einer neuen Siedlung. Nach 1740 ließen sich Weber und Bleicher in Langerfeld nieder. Mehr zu diesen Berufen findest du im nächsten Kapitel. Eine der ersten Flechtmaschinen soll hier erfunden worden sein. Dieser neue Fabrikationszweig beschäftigte bald viele Bewohner. Der weite Kirchgang nach Schwelm war einigen reichen Bleichern aus der Öhde ein Dorn im Auge, denn wer machte in der Zeit ihre Arbeit? So ließen sie das Schulhaus zu einem Kirchenhaus ausbauen, in dem an Sonntagnachmittagen Predigten verlesen wurden.

Den langen Weg hatte nun der Pastor, der aus Schwelm kam. Es verging noch eine lange Zeit, bis endlich 1768 die Erlaubnis zum Bau der ersten evangelischen Kirche erteilt wurde. 18 Jahre dauerte die Fertigstellung, da immer wieder Geldmangel dieses Vorhaben verzögerte. Der erste Gottesdienst fand im September 1786 statt und war ein Trauergottesdienst für den großen Preußenkönig Friedrich II., der nur der „Alte Fritz“ genannt wurde.

Wieso der Langerfelder Markt so wichtig war

Der Platz an der alten Verkehrs- und Handelsstraße, der heutige Langerfelder Markt, war schon immer ein wichtiger Ort. Hier entstand 1784 die Poststation. Die Kaiserliche Reichspost und die Preußische Post endeten an dieser Stelle. Eine Kutschfahrt von Elberfeld nach Schwelm war nur mit einer Übernachtung in Langerfeld möglich, da die Kutsche der kaiserlichen Reichspost hier am späten Nachmittag ankam und die Fahrt mit der preußischen Post erst am nächsten Morgen weiterging. Sechs Jahre lang fuhren die Postkutschen noch über die alte Straße, bis sie zur befestigten Landstraße, die heutige Langerfelder- oder Schwelmer Straße, ausgebaut wurde.

„Wäscherinnenbrunnen" am Langerfelder Markt

Wie die Eisenbahn sich ihren Weg suchte

Im 19. Jahrhundert eroberte die Eisenbahn auch das Tal der Wupper. Um eine Eisenbahntrasse von Elberfeld nach Schwelm bauen zu können, wurden viele Landwirte gefragt, ob sie ihre Ländereien verkaufen würden. Ein Bauer aus Jesinghausen war erst ganz begeistert, dass da, wo jetzt noch seine Scheune stand, demnächst der Zug entlangfahren würde. Dann aber kam er ins Grübeln und wandte ein: „Aber nicht dass ihr denkt, ich könnte dann für jede Eisenbahn, die kommt, das Scheunentor öffnen." Ja, die Menschen mussten sich wirklich noch an die „dampfenden Ungeheuer" gewöhnen.

Fachwerkhaus Spitzenstr. 9

Warum die Waschfrauen in Streit gerieten

In Langerfeld herrschte immer schon sehr großer Wassermangel, da die vom Hedtberg zur Schwelme fließenden Bäche auf ihrem Weg im Kalkstein versickerten. Die Langerfelder bauten bereits 1728 eine einfache Wasserleitung aus ausgehöhlten Baumstämmen. Dadurch wurden die Bäche kanalisiert und an drei durch Rohre miteinander verbundenen Wasserholstellen, auch Fontänen genannt, geleitet. Die Nutzung der Fontänen war sehr genau geregelt. Nur zu bestimmten Zeiten durfte dort die in Bottichen mitgebrachte Wäsche gewaschen werden. Denn wenn an der obersten Wasserholstelle gewaschen wurde, lief unten natürlich das benutzte Waschwasser heraus. Nicht alle hielten sich an diese Regel und darum kam es zum sogenannten Wasserstreit. Er begann 1730 und dauerte sechs Jahre, bis er schließlich vom Gericht in Cleve geschlichtet wurde. Am Langerfelder Markt kannst du dir den Brunnen „Die drei Fontainen" von der Wuppertaler Bildhauerin Ulle Hees anschauen, der diesen Wasserstreit sehr eindrucksvoll darstellt.

Wilhelm Hedtmann

Wie Langerfeld das Reich des Wasserkönigs wurde

Nein, ein Unterwassermärchen wollen wir jetzt nicht erzählen. Unsere Geschichte handelt von Wilhelm Hedtmann, auch genannt der „Wasserkönig“, einem Erfinder, der Langerfeld nachhaltig geprägt hat. Er war ein Textilfabrikant mit viel Fleiß und guten Ideen. Allein durch die Erfindung der Spitzenflechtmaschine kannten ihn Groß und Klein. Er verkaufte sein Patent an die Firma Henkels, die damit Spitzen in nie gekannter Qualität produzierte. Was Wilhelm Hedtmann wirklich umtrieb, war die schlechte Trinkwasserversorgung in Langerfeld. Durch den kalkhaltigen Boden versickerte der größte Teil des Wassers, das vor allem aus der Quelle des Hedtbergs kam. 1886 ließ Wilhelm Hedtmann tiefe Stollen und Gänge in den Berg treiben und leitete so das Wasser in Auffangbecken. Bevor es weiter zu den Wasserholstellen in der Mitte des Ortes geleitet wurde, filterte man es. Damit verringerte sich die Gefahr von Infektionen durch verunreinigtes Wasser enorm. Einige umliegende Häuser wurden auch direkt über Rinnen oder Leitungen mit Wasser versorgt. Für die Industrie, die vermehrt mit Dampfmaschinen arbeitete, war diese nun gesicherte Wasserversorgung von unschätzbarem Wert. Jetzt weißt du auch, wer der „Wasserkönig“ war. Sein Wohnhaus ist als Baudenkmal erhalten und die Straße, in der er lebte und arbeitete, wurde nach ihm benannt. Auch den nicht mehr betriebenen Wasserstollen kannst du besichtigen.

Ehemaliges Wohnhaus von Wilhelm Hedtmann und der alte Wasserstollen

Altes Gelände der Zeche Karl

Was in den Tiefen Langerfelds verborgen war

Die Menschen in Langerfeld lebten zunächst von der Land- und Holzwirtschaft. Erst später kamen das Schürfen von Eisenerz und die Bearbeitung von Steinen aus Steinbrüchen hinzu. Die eigentliche Bergbaugeschichte von Langerfeld begann etwa 1879. Um an das wertvolle Eisenerz oder Zinkerz, auch *Galmei* genannt, zu kommen, wurden die alten Gruben und Stollen noch tiefer ins Erdreich getrieben. Auf der Zeche Karl in Langerfeld arbeiteten bis zu 50 Bergleute. Das geförderte Erz wurde mit der Lorenbahn zum Waschen an die Ehrenberger Straße transportiert und danach zum Bahnhof Rittershausen, heute Oberbarmen, gebracht. Von hier aus ging es mit dem Zug in die wichtigen Industriestädte nah und fern. 1895 lohnte sich die Fördermenge nicht mehr und die Zeche Karl wurde stillgelegt. Heute erinnern noch die „Eisenstraße“ und die „Galmeistraße“ an diesen Zechenstandort. Außerdem kannst du den Schachteingang und eine alte Lore auf dem ehemaligen Gelände anschauen.

Bergleute in Langerfeld

Barmen

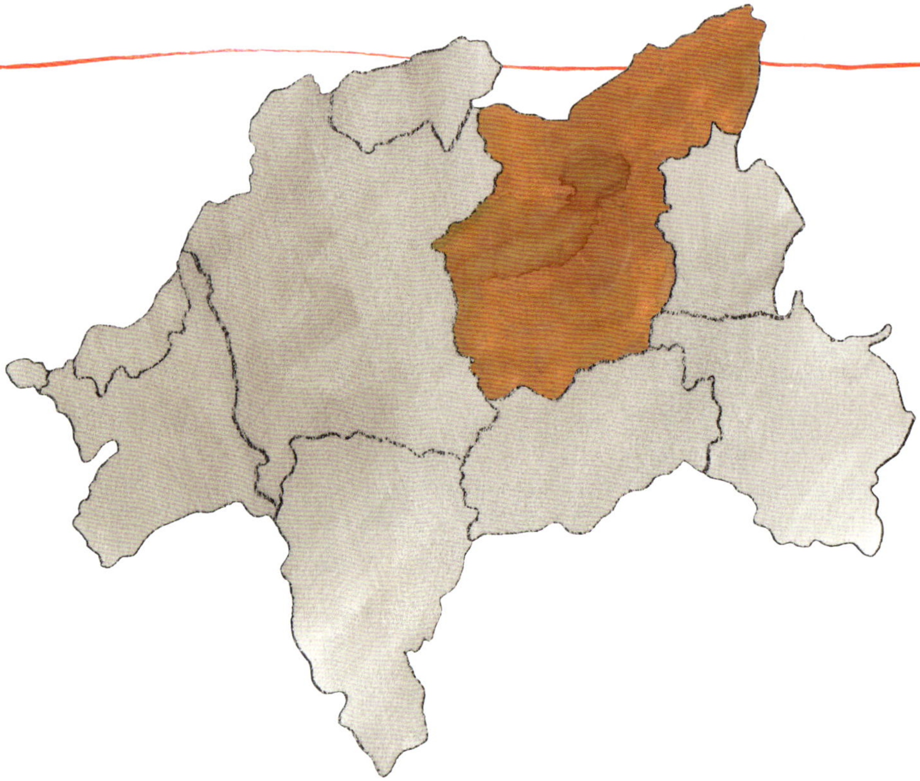

Was im Barmer Wappen zu sehen ist

Erhaben und aufrecht zeigt sich der Löwe im Mittelpunkt. Das Wappentier des Herzogtums Berg steht als Zeichen des Garnprivilegs auf zwei Garnsträngen. Einiges dazu erfährst du bereits hier. Alles über das Bleichen von Garn und diese historisch so wichtige Zeit findest du im Kapitel: *Der Weg zur Textilstadt*.

Wie sich Barmen entwickelte

Um die abenteuerliche, frühe Besiedelung ging es bereits im ersten Kapitel. Aber auch danach blieb es spannend. Die Grafen von Berg, die Barmen 1245 erworben hatten, mussten oft sehr heftige Kämpfe darum führen. Zuerst mit dem Erzbischof von Köln und dann mit ihren östlichen Nachbarn, den Grafen von der Mark, die ihre Grafschaft nach Westen erweitern wollten. Barmer Verwaltungssitz war der Dörner Hof. Dieser Herrenhof (*Fronhof*) stand ungefähr auf dem Platz des heutigen Kolpinghauses gegenüber der Kirche St. Antonius. Die Bauern waren nur teilweise frei. Sie bekamen vom Grafen von Berg einen Bauernhof, den sie ohne Erlaubnis nicht verlassen durften. Die Höfe hatten die Größe einer „Hufe", gut 15 Hektar. Von den Erträgen mussten die Bauern vor allem Getreide, aber auch einen Teil der Tiere abgeben. Zum Tag des heiligen Martin am 11. November beispielsweise gingen einige Martinsgänse an den Herrn. Auch hatten sie Frondienste abzuleisten, also Arbeiten auszuführen wie das Dreschen von Getreide.

Einige ausgesuchte Daten Barmens Teil 1

Vor 800 *beginnen die ersten Siedler mit der Rodung des Waldes. Rund um die Bauernhöfe entstehen Gartenland, Äcker, Wiesen und Weiden.*

Um 1070 *wird* ***Barmen*** *zuerst schriftlich erwähnt. Im Abgabenverzeichnis des Benediktinerklosters Werden an der Ruhr soll ein in „Barmon" liegender Hof jährlich sechs Denare zahlen.*

1345 *wird* ***Heckinghausen*** *erstmals genannt.*

Ende des 14. Jahrhunderts *erscheint der Name „Wichmerinchusen", heute* ***Wichlinghausen****, in einer Urkunde.*

Ab etwa 1400 *beginnt die* ***Garnbleiche****. Alles dazu findest du im nächsten Kapitel.*

1466 *gibt es den ersten Nachweis von „Riddershoff", heute* ***Rittershausen****.*

1486 *wird erstmals das in Westfalen liegende* ***Nächstebreck*** *erwähnt, das erst 1922 nach Barmen eingemeindet wird.*

Barmen um 1856 vom Hohen Stein (Rott) aus

Und heute?

Inzwischen ist dieser Hohe Stein aus dem Mitteldevon zum **Naturdenkmal Hohenstein** geworden. Hier entlang führt auch der „Geopfad Werner-Paeckelmann-Weg" zum Thema Erdgeschichte.

Die alte Zollbrücke

Welche Bedeutung die Alte Zollbrücke hatte

Nachdem es viele Jahre lang nur einen Steg für Fußgänger gegeben hatte, konnten Fuhrwerke ab 1723 auf einer hölzernen Brücke die Wupper in Heckinghausen überqueren. Der Verkehr nahm zu, Garn und Kohle wurden hier transportiert und das Holz der Brücke musste einiges aushalten. Immer wieder gab es Pläne zum Bau einer stabileren Brücke. Aber erst 1775 wurde diese aus Steinen errichtet. Für neu gebaute Brücken wurde üblicherweise eine Nutzungsgebühr erhoben, das *Brückengeld*. Zudem lag hier die Grenze zwischen Berg und Mark und so kamen noch Zollabgaben hinzu, die direkt an der Zollstation der Brücke entrichtet wurden. Über 100 Kohlenpferde sollen hier täglich die Wupper überquert haben, dazu folgt gleich mehr auf dieser Seite. Auch Postkutschen, Kuriere und Bauernkarren waren unterwegs, bis Ende des 19. Jahrhunderts unter anderem der Bau der Eisenbahn für einen schnelleren Weg sorgte, um Waren und Reisende zu transportieren.

Über die Wupper gehen

Diese Redewendung bedeutet leider nichts Gutes. Wenn jemand ***„über die Wupper geht“****, verliert er sein ganzes Geld oder stirbt sogar. Nicht nur Menschen, auch Dinge können „über die Wupper gehen“. Dann verschwinden sie einfach spurlos. Es gibt verschiedene Erklärungen dafür, wie diese Redensart entstanden sein könnte. Die Wupper war früher eine wichtige Grenze und so mancher flüchtete aus der Grafschaft Mark ins Herzogtum Berg, um nicht Soldat werden zu müssen. Es kam auch vor, dass man ins Gefängnis am anderen Ufer gesteckt und später hingerichtet wurde oder man musste zur Gerichtsinsel, um dort Bankrott anzumelden. Aber man kann auch im wahrsten Sinne des Wortes über die Wupper gehen (oder fahren) – und zwar allein in Wuppertal ungefähr 90 Mal. So viele Brücken gibt es! Sie sind ganz unterschiedlich: kleine Fußgängerbrücken, hohe Eisenbahnbrücken und große Straßenbrücken. Achte einmal darauf, wie oft du über die Wupper gehst oder fährst!*

Unbeschadet hat diese Brücke alle Hochwasser überstanden und ist somit die älteste noch erhaltene Steinbrücke Wuppertals.

Wo Pferde es wahrhaft schwer hatten

Für die wachsende Eisenproduktion und Stahlverarbeitung wurden Mengen von Steinkohle benötigt. Aber die Beförderung der Kohle war nicht überall durch Fuhrwerke möglich, da die Wege oft zu schlecht waren. Hier mussten Pferde oder auch Esel herhalten. Sie wurden von den Kohlentreibern mit einigen Zentnern beladen, aneinandergebunden und über Stock und Stein gezogen. Mit diesen Kohlenstraßen gelang es mühsam, eine Verbindung zwischen den Abbaustätten der Kohle und den Hämmern und Schleifkotten herzustellen. Auch viele einsam gelegene Höfe benötigten Kohle als Brennstoff gegen die Kälte im Winter. Nach und nach wurden die Straßen verbessert und am Ende übernahm die Eisenbahn diesen Schwertransport. Den Kohlentreibern blieb nichts anderes übrig, als sich eine neue Arbeit zu suchen. Die Pferde dagegen waren sicher nicht traurig darüber, ihren Job an die Bahn zu verlieren.

Pferde in Stein und Bronze

An die Kohlenpferde erinnert eine historische Pferdetränke in Heckinghausen. Du findest sie an der Ecke Josef-Haydn-Straße/Lönsstraße, damals Kohlenstraße. Der Großvater Friedrich Engels', von dem noch einiges zu lesen sein wird, Johann Caspar Engels, hat diesen Brunnen gestiftet. Die Inschrift lautet: „Seid gut zu den Tieren!“ Das war nämlich nicht gerade üblich unter den raubeinigen Kohlentreibern.

Die alte Pferdetränke

Wodurch die Barmer zu einem Zentrum kamen

Lange Zeit bestand Barmen nun bereits aus verstreuten Höfen ohne Mittelpunkt. Kirchen und Schulen befanden sich in den benachbarten Gemeinden, und das Barmer Gericht hatte kein eigenes Gebäude. Das änderte sich, als am 31. August 1579 die Barmer Schule gegründet wurde. Diese stand auf dem heutigen Grundstück Werth 1. Der Standort Gemarke war als zentraler Punkt gut gewählt, da er in der Mitte Barmens liegt. Im Schulgebäude wurde nicht nur unterrichtet. Da das Gericht öffentlich und im Freien tagte, reichte hier ein sprichwörtliches „Dach über dem Kopf" für den Richter und die Schöffen. Dafür verlängerte man das Dach an einer Seite. Das Gebäude sollte auch als Versammlungsraum für eine zu gründende Kirchengemeinde ganz Barmens dienen. Nach der Fertigstellung 1581 hatte Barmen endlich ein richtiges Zentrum. Auch als 1625 die Räuberbande der „Buschknebler" die Schule niederbrannte, blieb die Gemarke das Barmer Zentrum. Heute heißt die Schule *Gymnasium Sedanstraße* und steht ganz in der Nähe.

Einige ausgesuchte Daten Barmens Teil 2

1581 *breitet sich die* ***Pest***** aus.*

1700 *hat Barmen schon über 2.000 Einwohner.*

1714 *wird die* ***Gemarker Kirche*** *eingeweiht.*

1743 *fahren die ersten* ***Postkutschen****.*

1758 *Barmen Gemarke erhält eine* ***Straßenbeleuchtung****.*

1776 *öffnet das erste* ***Postamt****.*

1804 *bekommen die Häuser ihre* ***Hausnummern****.*

1807 *hat Barmen bereits 14.300 Bürger.*

1808 *werden Barmen die* ***Stadtrechte*** *verliehen.*

1816 *herrschen* ***Hungersnot*** *und* ***Pocken*****.*

1866 *fordert die* ***Cholera***** viele Tote.*

**Hoch ansteckende, oft tödlich verlaufende Krankheiten, die sich im ganzen Wuppertal ausbreiteten.*

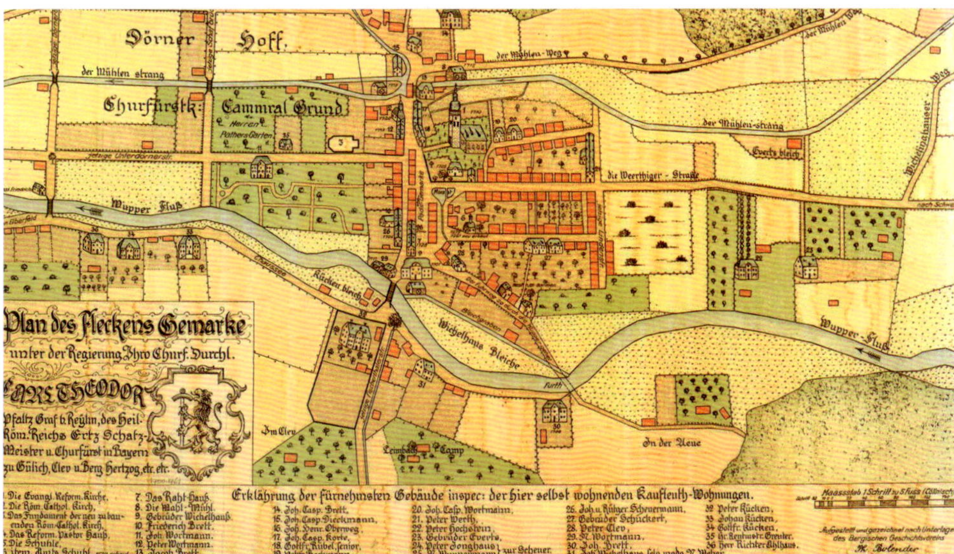

Barmen Gemarke 1761

Wo alte Handwerkskunst noch zählte

1821 gab es unter anderem in Barmen:
139 Schuhmachermeister,
135 Tischler- und Schreinermeister,
80 Bäckermeister,
42 Metzgermeister,
31 Bierbrauer,
25 Böttchermeister (oder Fassbinder), die Fässer herstellten,
je 6 Klempner- und Buchbindermeister,
3 Rademacher (oder Stellmacher), die Räder anfertigten,
je 2 Seiler- und Hutmachermeister.

Man hatte größeren Bedarf an der Herstellung und Reparatur von Schuhen als an Hüten und Seilen.

Wie Barmer Bürger sich vereinten

Schon früh haben sich die Bürger im Wuppertal aktiv für ihren jeweiligen Stadtteil eingesetzt, damit er schöner wurde und es den Bewohnern gut erging. Sie gründeten viele Vereine, die es auch heute noch gibt, und vielleicht ist ja auch jemand in deiner Familie Mitglied in einem davon. Allein für die Barmer gibt es mehrere – zum Beispiel diese beiden: Der *Barmer Verschönerungsverein* wurde 1864 gegründet. Dieser Verein verschönerte die Landschaft wirklich, indem er Grundstücke kaufte, Pläne für einen Park entwerfen ließ und sie auch in die Tat umsetzte. In dieser von der Industrie geprägten Zeit gab es bis dahin keinen Ort für Entspannung oder Erholung. Mit den Barmer Anlagen änderte sich das grundlegend. Der Toelleturm entstand dort ebenso wie Denkmäler, Treppen und vieles mehr. Die Barmer Bergbahn schaffte ab 1894 eine gute Verbindung zwischen dem Tal und seinen Anhöhen. Auch daran war der Verschönerungsverein beteiligt, indem er Teile seines Geländes dafür abtrat.

oben: Nordpark Mallack; unten: Barmer Anlagen

Der heutige *Nordstädter Bürgerverein* wurde 1893 gegründet. Hier sorgten die Mitglieder dafür, dass die bereits bestehende Landschaft erhalten blieb. Durch die großzügige Unterstützung des Vereins konnte die Stadt Barmen jene Grundstücke erwerben, auf denen sich bis heute der Nordpark befindet. So wurde der beträchtliche Waldbestand im Norden geschützt. Auch an ganz alltäglichen Bedürfnissen der Bürger, wie neue Straßen und deren Beleuchtung oder die Kanalisation, beteiligte sich der Verein. Viele Grünanlagen und andere heute so selbstverständliche Dinge sind dem Einsatz der damaligen Barmer Bürger zu verdanken und ihre Vereinsmitglieder kümmern sich auch weiterhin darum.

Einige ausgesuchte Daten Barmens Teil 3

1868 *gibt es eine erste Brücke aus Eisen über der Wupper: die* ***Adlerbrücke****.*
1869 *gründet ein Verein in Rittershausen den Vorläufer späterer* ***Kindergärten****.*
1883 *fließt das* ***Wasser*** *in die Barmer Haushalte.*
1889 *bekommt Barmen* ***elektrisches Licht****.*
1894 *geht die* ***Barmer Bergbahn*** *in Betrieb.*

Elberfeld

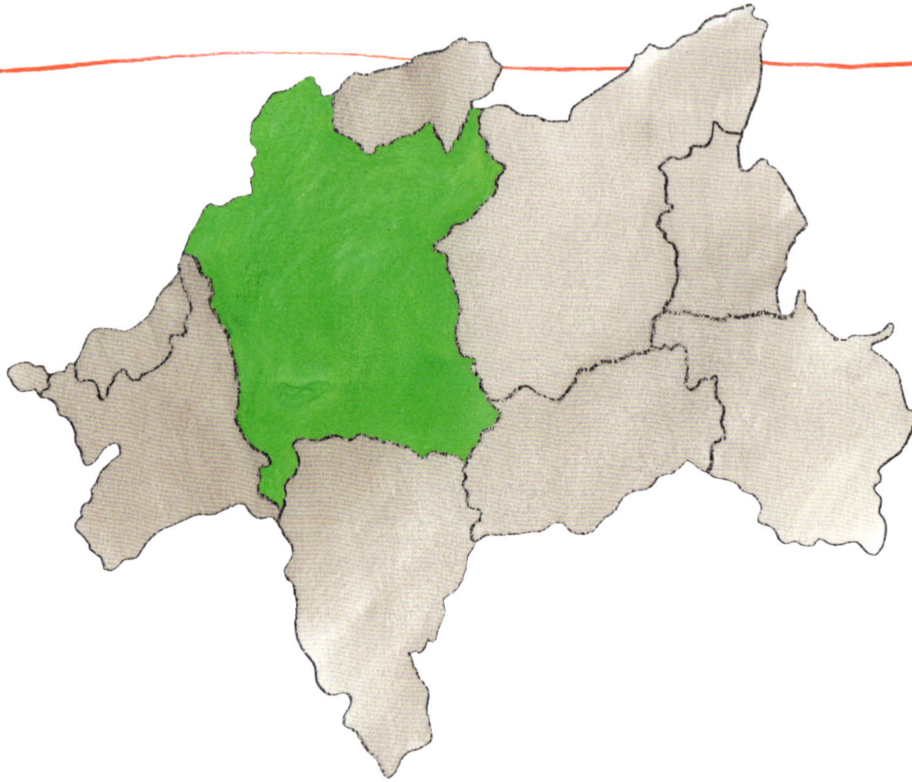

Wann sich Elberfeld dazu gesellte

Auch wenn die erste Kapelle bereits dort gestanden haben mag, so ist Elberfeld namentlich erst kurz nach Barmen erwähnt worden. Erste Urkunden gehen auf die Jahre 1161 und 1176 zurück. Verheerende Brände und eine dabei zerstörte Burg kennzeichnen die Elberfelder Geschichte. Aber auch die Wappenerklärung dieses Stadtteils ist nicht gerade langweilig!

Welches Grauen sich hinter dem Elberfelder Wappen verbirgt

Der von dem Löwen gehaltene Rost steht symbolisch für den Elberfelder Schutzpatron, den Heiligen Laurentius. Sein Aufgabenbereich war die gemeinnützige Arbeit, und damit könnte man ihn auch als einen der ersten Sozialarbeiter bezeichnen. Nach der Gründung Wuppertals erweiterte sich sein Schutzgebiet auf die ganze Stadt. Er wird ebenso in anderen Städten verehrt und gilt auch als Patron für Gruppen wie zum Beispiel Bibliothekare, Schüler, Köche und die Feuerwehr. Noch heute erinnern viele Orte an ihn. In Elberfeld gibt es den Laurentiusweg, der am Kirchplatz beginnt, wo die erste St. Laurentiuskirche stand. Der Weg führt über den Laurentiusplatz bis hin zur Bundesallee, dem heutigen Standort der St.-Laurentius-Schule. Du fragst dich jetzt, wo denn das Grauen bleibt? Die Antwort verbirgt sich in der folgenden Legende:

Wenn es am 10. August Sternschnuppen regnet ...

... werden sie auch Laurentiustränen genannt, denn es ist der Todestag des Heiligen Laurentius von Rom.

Der Legende nach verteilte Laurentius als Diakon der römischen Gemeinde kirchliche Güter an die Armen. So hatte es ihm sein Papst, Sixtus II., aufgetragen. Damit jedoch war der römische Kaiser Valerian, der mit der Kirche nichts zu tun haben wollte und die Christen verfolgen ließ, nicht einverstanden. Er ließ Sixtus II. 258 n. Chr. töten und forderte danach Laurentius auf, alle Besitztümer an ihn zu übergeben. Der Diakon sah überhaupt nicht ein, warum er kirchliche Güter an einen unchristlichen Kaiser liefern sollte, der bereits reich war und noch dazu seinen Papst getötet hatte. Er täuschte vor, ein wenig Zeit zum Nachdenken zu benötigen. Als Valerian ihm dies erlaubte, nutzte er die folgenden Tage und gab sämtliches Hab und Gut an Hilfsbedürftige. Einige von ihnen bekannten sich danach sogar zum Christentum. Mit ihnen im Gefolge ging Laurentius wieder zum Kaiser, denn seiner Meinung nach waren die echten Reichtümer der Kirche nun einmal die Menschen. Valerian verurteilte ihn daraufhin wutentbrannt zu einem langsamen und grausamen Tod. Laurentius wurde nach der Folter auf einem Rost, wie es das Wappen zeigt, über einer Feuerstelle festgebunden. Manche Quellen sagen, er sei am Ende doch enthauptet worden und nicht verbrannt. Aber wie er auch starb, er hat sich entschlossen für die Armen eingesetzt und war ganz sicher ein sehr tapferer Mann!

St.-Laurentius-Kirche

Laurentius wird von Papst Sixtus II. zum Diakon ordiniert, Fresko von Fra Angelico im Papstpalast/Vatikan

Auf der nächsten Seite erfährst du noch etwas über den Heiligen Laurentius in Bezug auf das Wetter.

Was das Wetter mit Laurentius zu tun hat

Es gibt viele Bauernregeln zum Laurentius-Tag am 10. August. Damit sind Regeln zum Wetter gemeint, die auf Erfahrung und Überlieferung der Bauern beruhen. In diesem Fall geht es um das Wetter am Laurentius-Tag und was es über den darauf folgenden Herbst aussagt. Einige dieser Bauernregeln sind:

„Laurentius im Sonnenschein, wird der Herbst gesegnet sein."

„Sankt Lorenz kommt in finstrer Nacht, ganz sicher mit Sternschnuppenpracht."

„Regnet's am St.-Laurenz-Tag, gibt es große Mäuseplag'."

„Auf Sankt Laurentius Sonnenschein, folgt gutes Jahr und guter Wein."

Mach dir doch am nächsten Laurentius-Tag eine Notiz zum Wetter und beobachte im Herbst, ob die Regeln stimmen. Und vergiss auch nicht, dir etwas Schönes zu wünschen, wenn du die Laurentius-Tränen sehen solltest!

Wie Elberfeld seine Burg an die Flammen verlor

Genau dort, wo die heutige Innenstadt verläuft, stand einst die Burg Elberfeld, auch Burg Elverfeldt genannt. Von ihrer erstmaligen Erwähnung in einer Urkunde 1366 bis zu ihrer Zerstörung 1536 hat sie viel erlebt. Da gab es eine Belagerung und den Bau von Befestigungsanlagen, die später wieder verfielen. Oft wechselte die Burg durch Verkauf oder Verpfändung den Besitzer. Schließlich war da noch die Siedlung, die „Alte Freiheit", deren Häuser unmittelbar vor der Burg entstanden. Als dort am 18. April 1536 ein mit Stroh bedecktes Dach zu brennen anfing,

Burgplan von Elberfeld 1250

war das Unglück nicht mehr aufzuhalten. Das Feuer breitete sich rasch auf die übrige Siedlung aus und griff auf die Burg über. Ihre Häuser bauten die Bewohner wieder auf, während man die Reste der Burg ihrem Verfall überließ. Die Steine wurden später abgetragen, sodass die Bürger 1605 den Platz erwerben und bebauen konnten.

Reproduktion des Gemäldes „Burg Elverfeldt im 12. Jahrhundert"

Und heute?

Auf Spurensuche im Zeichen der Burg

Unvergessen bleibt die Burg Elberfeld bis heute. Zum Beispiel in Form einiger Straßennamen:

Alte Freiheit
Burgstraße
Turmhof
Hofaue
Hofkamp

Zudem findest du ein Modell der Burganlage am Kirchplatz. Darauf ist gut zu erkennen, wie sehr die Innenstadt mit diesem Plan übereinstimmt.

Was es mit „Narrenkästen" und „Schelmenlöchern" auf sich hatte

Stell dir vor, es gäbe kein Internet, keine Filme und auch keine Smartphones. Was tätest du dann, um dir die Zeit zu vertreiben? Die beste Unterhaltung, die Elberfeld um 1623 zu bieten hatte, war ein als „Narrenkasten" bezeichneter Pranger. Diebe, Landstreicher und andere Verbrecher wurden dort angebunden und ihre Bestrafung wurde öffentlich vollzogen. Jeder konnte sie beschimpfen, mit Dingen bewerfen oder auch auf sie einprügeln. Damals galt das als eine normale und willkommene Abwechslung vom Alltag. Für ein solches Verhalten könnte man heute im Gefängnis landen, welches früher als „Schelmenloch" oder auch „Brummstall" bezeichnet wurde. Zum Glück kennst du aber sicher bessere Wege, um dich mal abzureagieren!

Wie es arbeitsscheuen Jugendlichen erging

Kaum zu glauben, aber wahr: Wenn ein Jugendlicher um 1800 sich weigerte, arbeiten zu gehen und stattdessen lieber mit Freunden herumzog und Schnaps trank, so hatten seine Eltern das Recht, diesen an die Behörden zu übergeben. Dort wurde ihm zunächst einmal eine ordentliche Tracht Prügel verabreicht. Danach ging es in eine Zelle, wo der „Taugenichts" auf Wasser und Brot gesetzt wurde, ehe er wieder nach Hause durfte. Ob das allerdings eine Besserung brachte?

Einige ausgesuchte Daten Elberfelds

***Um 1000** befindet sich im heutigen Elberfeld eine dem **Heiligen Laurentius geweihte Kapelle**, die dem Kölner Erzbischof gehört.*

***1161 + 1176** wird der Name **Elberfeld** urkundlich erwähnt.*

***1179** wird Elberfeld durch den Kölner Erzbischof an den Grafen Engelbert I. von Berg verpfändet. Von da an wechselt Elberfeld noch des Öfteren den Besitzer, bis es*

***1430** endgültig an den Herzog Adolf von Berg übergeht, wenn auch Verpfändungen weiter üblich blieben.*

***1599** löst Elberfeld das Pfand für „Burg und Herrschaft Elberfeld" ein und versucht, die Stadtrechte zu erlangen.*

***10.08.1610** erhält Elberfeld die **Stadtrechte**.*

***22.05.1687** verschont der **zweite Stadtbrand** nur fünf Häuser der Innenstadt sowie die Außenbezirke. Kurfürst Johann Wilhelm II. befreit die Bürger vorübergehend von ihren Abgaben, sodass es schnell wieder aufwärts geht.*

***1708** Der Kurfürst verleiht Elberfeld das **Stadtgerichtsprivileg**.*

***1841** wird die **Eisenbahnlinie Düsseldorf-Elberfeld** eingeweiht.*

Warum ein italienischer Brunnen nach Elberfeld kam

Im Jahre 1870 gründete der Kaufmann Gustav Platzhoff den *Elberfelder Verschönerungsverein*, durch den die Hardtanlagen ebenso wie andere Parks im Stadtgebiet entstanden. Zum 25-jährigen Bestehen machte der Verein seiner Stadt ein Geschenk, welches bis heute vor dem früheren Elberfelder Rathaus steht, um dort Wasser zu speien. Der Jubiläumsbrunnen wurde von dem Bildhauer *Leo Müsch* gebaut und ist eine genaue Nachbildung des *Neptunbrunnens*, der in Italien bereits seit über 100 Jahren auf dem Domplatz von Trient steht. Dem Brauch nach wirft man mit dem Rücken zum Brunnen stehend eine Münze mit der rechten Hand über die linke Schulter und wünscht sich etwas dabei. Falls du also daran vorbeikommst und ein paar Cent übrig hast …

Neptunbrunnen in Elberfeld

Vohwinkel

Was Vohwinkels Wappen zeigt

Dieses Wappen ist ein sogenanntes redendes Wappen (Namenswappen). Zu sehen sind nämlich die beiden Namensgeber Vohwinkels: ein roter Fuchs auf weißem Untergrund und ein spitzer Winkel auf grünem Untergrund. Das „Voh“ steht für das mittelhochdeutsche Wort „vohe“ und bedeutet Füchsin (Fähe). Der Winkel zeigt den Verlauf der Wupper bei Vohwinkel, das „Wupperknie“. Dieser Knick des Flusses ähnelt tatsächlich einem spitz angewinkelten Knie. Mit den Farben Rot, Grün und Weiß vereint das Wappen sowohl bergische als auch rheinische Merkmale.

Warum die Freude über ein eigenes Stadtwappen nur kurz anhielt
Schon 1898 gab es Ideen und Skizzen für ein Wappen der Gemeinde Vohwinkel. Aber Gemeinden durften normalerweise kein eigenes Wappen führen. Außerdem gefiel der erste Entwurf nicht allen. Erst nachdem Vohwinkel 1921 das Stadtrecht erhalten hatte, bewilligte das Preußische Staatsministerium 1926 schließlich ein offizielles Wappen. Gerade einmal drei Jahre durften sich die Vohwinkeler darüber freuen, denn 1929 wurde Vohwinkel ein Teil der neuen Großstadt Wuppertal. Die Sache mit dem eigenen Stadtwappen hatte sich damit erledigt.

Wo einst nur Fuchs und Dachs hausten
Womöglich lebten in dem Gebiet, das heute Vohwinkel heißt, in alten Zeiten tatsächlich mehr Füchse als Menschen. Weiter oben auf dem Hügel hielt sich hingegen ein anderes Tier gerne auf, nämlich der Dachs. Bis heute ist der Name Dasnöckel erhalten geblieben, der Dachshügel bedeutet. Um das Jahr 1312 war Vohwinkel nichts weiter als ein abgelegenes Gehöft im Seitental der Wupper. Es stand in der Nähe des heutigen Lienhardplatzes. Leider ist nicht überliefert, in welchem Jahr es erbaut wurde und wer es zuerst bewohnte. Manche Historiker meinen, dass sich der Name Vohwinkel einfach nur aus der Lage des Gebäudes im Gelände „vor dem Winkel" ableitet und gar nichts mit dem Fuchs zu tun hat. Ganz sicher wissen sie es aber nicht. In der näheren Umgebung befanden sich das größere Gut Lüntenbeck, das ritterliche Hofgut Schöller, die Höfe der Siedlung Sonnborn und einige andere verstreute Höfe.

Wie aus Vohwinkel ein bäuerliches Klostergut wurde

Bis 1356 gehörte das „Gut Vowynkele“ zum Kirchspiel (Pfarrbezirk) Sonnborn und war Eigentum des Ritters Heinrich von Schönrode und seiner Ehefrau Lysa. Dann verkauften sie den Ritterhof an das Gräfrather Kloster. Als Hofgut blieb Vowynkele mehrere Jahrhunderte im Besitz der frommen Klosterfrauen. Die Kirchenakten Sonnborns verraten, dass nach 1611 für rund 100 Jahre eine Familie von Landwirten den Hof betrieb, die sich mit Nachnamen „zu Vohwinkel“ nannte. Auf diese folgten die Familien Düssel, Benninghoven und Flügel. 1803 wurde das Kloster Gräfrath aufgelöst. Für Vohwinkel, das nach kurzer französischer Herrschaft in preußischer Zeit Mettmann zugeordnet war, begannen geradezu „bewegte“ Jahre.

Wann Straßen und Bahnstrecken Vohwinkel aus dem Dornröschenschlaf weckten

Jahrhundertelang hatte Vohwinkel ruhig vor sich hin geschlummert. Benachbarte Siedlungsstätten und Höfe waren längst größer und bedeutender. Nach 1800 aber begann für den verkehrstechnisch günstig im Tal gelegenen „Fuchswinkel“ ein neues Zeitalter. Um mehr Waren und Rohstoffe immer besser transportieren zu können, wurden vorhandene Wege ausgebaut und neue Straßen angelegt. 1831 kam mit der Eisenbahn ein modernes Verkehrsmittel aus England hinzu, für das nun auch in Deutschland neuartige Fahrwege aus Eisen gebaut wurden.

Deutsches Klingenmuseum Solingen im ehemaligen Kloster

Wie Vohwinkel zur „Eisenbahnerstadt" aufstieg

Das Gut Vohwinkel wuchs zur Siedlung mit drei Grundstücken. Hauptbesitzer waren zu dieser Zeit nacheinander die Familie Cleef (Clef) und die Familie Wülfing. Durch das Gelände führten bald mehrere Bahnstrecken und 1841 baute man den ersten Bahnhof. Straßen und Schienenstränge brachten immer mehr Durchreisende in den Ort, die in zahlreichen Wirtschaften mit Speise und Trank versorgt wurden. Manche übernachteten in einer der Fuhrmannsherbergen. Vohwinkel selbst zählte 1850 keine 60 Einwohner. 1888 lebten schon mehr als 3000 Menschen in dem aufblühenden Verkehrszentrum, das in diesem Jahr Sonnborn als selbstständige Bürgermeisterei ablöste. Es gab nun offiziell die Gemeinde Vohwinkel, zu welcher der westliche Teil Sonnborns gehörte. Das östliche Sonnborn zählte zu Elberfeld. Viele bedeutende Gebäude wurden in dieser Zeit gebaut. 1898 nahm eine elektrische Straßenbahn den Fahrbetrieb von Vohwinkel nach Solingen auf. Zwei Jahre später sollte eine berühmte Fahrzeugstrecke zwischen Kluse und Vohwinkel eingeweiht werden. Du ahnst bestimmt schon, welche gemeint ist.

Warum Vohwinkel ein Verkehrsknotenpunkt war

Beim Bau von Straßen und Schienen ging es zunächst vor allem um den Gütertransport, die Personenbeförderung gewann erst später an Bedeutung. Schon 1750 durchzog eine lange Straße das ganze Wuppertal und somit auch Vohwinkel auf der Talsohle. Auf einer anderen, höher gelegenen Straße, der alten Kohl(en)straße, waren Scharen von Kohlentreibern unterwegs. Bergauf und bergab trieben sie ihre elenden, schwer mit Kohlesäcken bepackten Pferde unerbittlich an. 1815 wurde die Essen-Solinger Provinzialstraße angelegt. Ein weiteres wichtiges Straßenbauprojekt war 1832 die Chaussee zwischen Vohwinkel und Sonnborn. Wichtige Eisenbahnverbindungen führten durch Vohwinkel: die Bahnstrecke Düsseldorf–Elberfeld (1841), die Prinz-Wilhelm-Eisenbahn nach Essen ins Ruhrgebiet (1847) und die Strecke Solingen–Vohwinkel (1887), die wegen ihrer vielen Biegungen auch *Korkenzieherbahn* genannt wurde.

Evangelische Volksschule Vohwinkel

Wo die erste Schule in Vohwinkel untergebracht war

Vohwinkel entwickelte sich allmählich zu einer Stadt, es gab aber noch immer keine eigene Schule. Unterrichtet wurden die Vohwinkeler Kinder in Sonnborn, Düssel oder Gräfrath, manche auch in Schöller oder Oberhaan. Die täglichen Schulwege waren weit und anstrengend. Als die Schülerzahl immer weiter wuchs, hatte Gutsbesitzer Johann Wülfing die Idee, seine alte Scheune als Schulraum zur Verfügung zu stellen. Sie stand zentral am Lienhardplatz und musste nur ein wenig umgebaut und entsprechend eingerichtet werden. 1853 konnte der Privatlehrer Johannes Seynsche mit dem Unterricht beginnen. Nach drei Jahren durften Schulkinder und Lehrer in die neu eingeweihte evangelische Volksschule an der Kaiserstraße umziehen. Diese wurde später in ein Gebäude an der damaligen Karlstraße verlegt, die heute Gebhardtstraße heißt. Die städtische Gemeinschaftsgrundschule Gebhardtstraße ist somit ein Nachfolger der ersten Vohwinkeler Schule.

Und heute?

Gebäude aus dem 19. Jahrhundert

In Vohwinkel sind viele alte Wohnhäuser und Villen erhalten geblieben. Sie stehen auf der Liste der Baudenkmäler und somit unter Denkmalschutz. Von den drei Bahnhöfen, die nacheinander an verschiedenen Stellen errichtet wurden, sind der Erste Bahnhof (1841) und der Alte Bahnhof (1873) längst abgerissen. Heute halten die Züge am Neuen Bahnhof (1908). Das ehemalige **Königliche Landratsamt** an der Gräfrather Straße stammt aus dem Jahr 1878 und wird heute als Jugendhaus verwendet. Der **Siegesbrunnen** vor dem Gebäude, den Kaiser Wilhelm II. 1900 feierlich einweihte, ist nicht erhalten geblieben. Seit 1890 besteht die **Evangelische Kirche** an der Gräfrather Straße. Das gegenüberliegende **Gemeindehaus** wurde 1901 eingeweiht. Beide Gebäude stehen unter Denkmalschutz. 1898 wurde das **Rathaus Vohwinkel** fertiggestellt – mit Polizeigefängnis. Heute befinden sich im historischen Rathaus die Bezirksverwaltungsstelle und die Stadtteilbibliothek.

Warum Kutschfahrten meistens kein Vergnügen waren

Auf den Straßen in früherer Zeit rollten noch keine Autos, dafür aber Kutschen. Besonders häufig waren Postkutschen anzutreffen. Nicht nur Briefe wurden so transportiert, es fuhren auch Fahrgäste mit. Der Postillion saß auf dem Kutschbock und trieb die Pferde mit seiner Peitsche immer wieder zur Eile an. Damit ihm niemand in die Quere kam, machte er sich mit dem Posthorn oder der Posttrompete lautstark bemerkbar. Je nach Zustand der Wege wurden die Fahrgäste im Inneren ordentlich durchgerüttelt. Fahrten mit der Pferdekutsche waren äußerst unbequem. Darum nannte man die vierspännigen Postwagen auch Knochenknacker oder Marterkasten und manche Wege galten als Höllenpfade.

Vohwinkels Postexpedition

*1849 gab es in Vohwinkel eine **Postexpedition**. Bei dem Namen könnte man an eine Forschungsreise in entlegene Länder denken, aber bei der Post stand „Expedition" für das lateinische Wort **expeditio** und damit war in diesem Zusammenhang einfach nur „Erledigung" gemeint. In den Postexpeditionen wurde die Post nebenbei im Auftrag der Postämter mit erledigt. Du kannst das mit den heutigen Postagenturen vergleichen. In Vohwinkel gab es erst eine Postexpedition, anschließend eine Postverwaltung und ab 1876 ein eigenes Postamt.*

Wie die Postkutsche einmal in den Vohwinkeler Teich fuhr

Im Herbst des Jahres 1839 war eine voll besetzte Postkutsche abends von Elberfeld nach Solingen unterwegs. Ihr Ziel erreichte sie jedoch nicht, weil der Postillion während der Fahrt kurz vor Vohwinkel einschlief. Man munkelte nachher, er sei betrunken gewesen. Die Pferde liefen munter geradeaus, bis sie an einen Teich kamen. Ungebremst rannten sie einfach weiter und mitten hinein. Zum Glück kamen Mensch und Tier patschnass mit dem Leben davon. Eine feine Dame, die im Kutschwagen gesessen hatte, fiel allerdings nach dem Schrecken in Ohnmacht. Man ließ ihr trockene Kleider bringen und sie verbrachte die Nacht in Vohwinkel. Morgens setzte sie die Reise nach Solingen gut erholt fort.

Schöller / Dornap

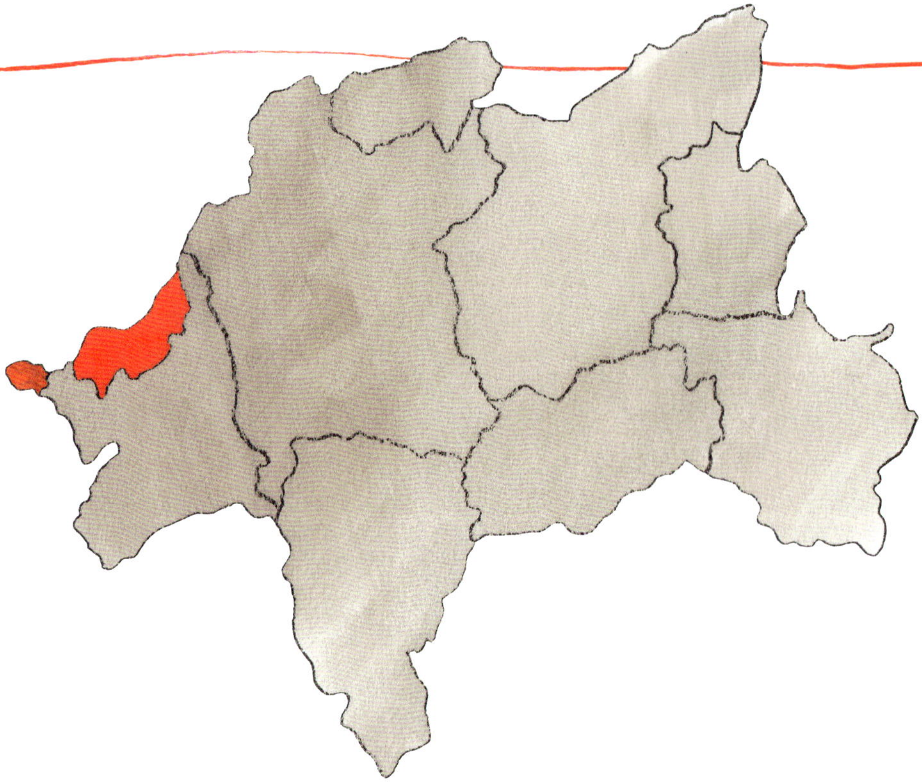

Welches Wappen Schöller hat

Das Wappen von Schöller zeigt zwei Zinnenbalken auf goldenem Grund, eines der ältesten bergischen Symbole in den Farben des Hauses Schöller. Der über das ganze Wappen geführte rote Turm weist auf die alte Burganlage hin.

Wie aus einem Verwalter ein Graf werden kann

Schon vor dem 9. Jahrhundert findet man in alten Aufzeichnungen den Namen Schöller als „Schön-lar". Wahrscheinlich handelt es sich um ein kaiserliches Wald- oder Wiesenstück, das durch das Fällen von Bäumen für die Landwirtschaft nutzbar wurde. Zunächst bestand das Dorf Schöller aus dem Herrenhof Schöller, einem Lehnshof der Abtei Corvey an der Weser und einigen kleinen Bauernhöfen. Hieraus entwickelte sich die Herrschaft Schöller, die im 13. Jahrhundert im Besitz der bergischen Grafen war. Erst 1430 gingen Burg und Herrschaft an den Gutsverwalter Engelbert von Schöller über. Mit den Jahren wurden aus den ehemaligen Verwaltern die Ritter und später sogar Grafen von Schöller. Durch die Vermählung der letzten Tochter des Hauses Schöller gelangte das Rittergut in den Besitz der Grafen von Schaesberg. Im 18. Jahrhundert wurde das Rittergut bis auf den Eckturm abgetragen, um eine neue Schlossanlage zu bauen. Der Bauherr starb leider, ohne sein Vorhaben zu verwirklichen. Das heutige Gut Schöller wurde viel später errichtet.

Bergfried und Kirchturm von Schöller

Wo sich zwei Türme erheben

Neben dem Bergfried des ehemaligen Ritterguts ist auch die alte Dorfkirche bis heute erhalten. Den hohen Turm sieht man schon von Weitem. Er stammt bereits aus dem 12. Jahrhundert. Als gewaltiger Wehrturm diente er dem Schutz für Gut und Hof. Im Laufe der Jahre entwickelte sich eine Dorfgemeinschaft und die ehemalige Hofkapelle des Hofguts Schöller wurde zur Pfarrkirche für das Dorf Schöller. Sie ist die älteste Kirche in Wuppertal und eines der wenigen Baudenkmale aus dem Mittelalter. Die Gemeinde Schöller wurde schon 1530 evangelisch und war damit die erste in Wuppertal.

Wie ein Weber unter die Räuber ging

Um 1800, als die Franzosen im Bergischen Land regierten, ging es den Bauern schlecht. Die Soldaten nahmen sich von den Höfen, was sie brauchten. In dieser Zeit entstanden Räuberbanden, die nachts die reicheren Bauern überfielen, um an Geld zu kommen. Einer von ihnen war der Räuberhauptmann Hannes Auerbäumer, eigentlich ein Weber aus der Umgebung von Schöller. Er organisierte die Raubzüge und unterstützte manchmal die ärmeren Bauern. Doch auch unter Räubern gab es Verrat und Missgunst und so wurde Hannes eines Tages festgenommen und in den gefürchteten Außenkäfig am Turm des Gutes Schöller gesperrt. Nackt und mit Honig bestrichen war er hilflos den Bienen ausgesetzt, bis

er am dritten Tage glücklicherweise fliehen konnte. Seine Räuberkumpane hat er aber nie verraten. 1805 kehrte er nach Schöller zurück, wo man ihn erneut ergriff und diesmal auf der Schöllersheide, dem Richtplatz der Herrschaft Schöller, köpfte.

Warum in Dornap der Kalk rieselt

Wenn ihr euch bis jetzt gewundert habt, warum das Kapitel Schöller-Dornap heißt: Jetzt kommt die Auflösung. In einer Landkarte des Rheinlandes findet sich ab 1843 die Bezeichnung „Dornab" für einen ehemaligen Wohnplatz der Landgemeinde Schöller. Dornap war zunächst ein kleines Örtchen mit nur 15 Einwohnern. Trotzdem gab es seit 1847 einen Bahnhof, der regelmäßig von der Prinz-Wilhelm-Bahn Richtung Essen-Steele angefahren wurde. Als Ende des 19. Jahrhunderts große Kalkbestände gefunden wurden, musste der alte Wohnplatz Dornap dem Massenkalkabbau weichen. Dornap bildet heute mit anderen kleinen Orten das Quartier Schöller-Dornap im Westen Wuppertals und grenzt an den Wülfrather Stadtteil Düssel. Hier fließt natürlich auch nicht die Wupper, sondern die Düssel.

Kalkwerke Dornap

Ansicht von Schöller 1896

Cronenberg

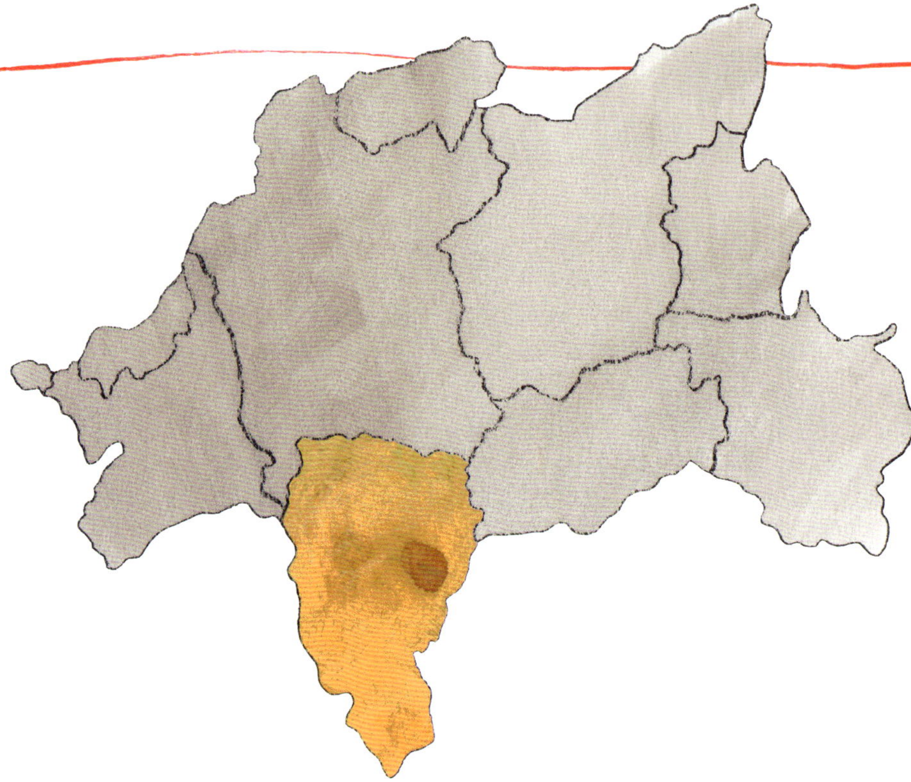

Wo eine Krähe im Wappen wohnt
Auf dem Cronenberger Wappenschild steht der Bergische Löwe auf einem grünen Berg und hält in seinen Pranken ein schwarzes Sensenblatt. Es symbolisiert das alte Sensenprivileg Cronenbergs und die Werkzeugindustrie. Wenn du genau hinschaust, entdeckst du auf dem Oberwappen auch eine Krähe als Anspielung auf die mögliche Herkunft des Namens. Das Wappen war niemals amtlich genehmigt.

Was eine Urkunde über Cronenbergs Alter verrät
Versammelten sich einst viele Krähen oder Kraniche auf dem Höhenrücken zwischen Wupper, Gelpe und Morsbach? Nach ihnen soll die am Berg gelegene Ansiedlung nämlich „Krähenberg" oder „Kranichberg" genannt worden sein – und nicht etwa nach einer Königskrone. Noch vor Barmen, Elberfeld und allen anderen Stadtteilen wurde Cronenberg in einer alten Urkunde aus dem Jahr 1050 als „Cronberga" erwähnt. Von 1427 bis 1806 gehörte das Dorf Cronenberg zum Herzogtum Berg und war damals bekannt für seine gut besuchten Märkte. Dann gelangte das Herzogtum Berg – und somit auch Cronenberg – unter französische Herrschaft.

Welche Umwege zum Stadtrecht führten
1808 ernannten die Franzosen Cronenberg zur selbstständigen Gemeinde, die auch einen eigenen Bürgermeister hatte: Johann Abraham von den Steinen. Nach der Besatzungszeit gehörte das Herzogtum Berg zunächst als Großherzogtum und Rheinprovinz zum

Cronenbergs Namen im Laufe der Zeit

Die Schreibweise von Ortsnamen änderte sich im Laufe der Jahrhunderte, so auch bei Cronenberg:

1050 ***Cronberga***
1120 ***Croyaberge***
1312 ***Cromberg, Croymberg***
1869 ***Kronenberg***
1898 ***Cronenberg***

Königreich Preußen. Aber die Zugehörigkeit änderte sich ständig – nacheinander war die Gemeinde Teil der Landkreise Solingen, Mettmann und Elberfeld. 1827 entschied der preußische König, Cronenberg solle als Stadt dem Landkreis Elberfeld angehören. Die Stadtrechte erhielt Cronenberg aber erst rund 30 Jahre später, im Oktober 1856. Damit war das Hin und Her immer noch nicht vorbei: Weil aus Elberfeld und Barmen kreisfreie Städte wurden, gehörte Cronenberg 1860 wieder zum Landkreis Mettmann.

Historische Postkarte aus Cronenberg

Der Manuelskotten

Welche Bedeutung Eisenerz, Wasserkraft und Holz hatten

Beschwerlich war in früheren Zeiten der Weg hinauf auf die Cronenberger Höhen. Wer sich hier in den waldreichen Gebieten niederließ, tat das meistens, um Eisen zu verarbeiten. Es gab nämlich im Burgholz sowohl größere Eisenerzvorkommen als auch reichlich Holz für die Holzkohle zum Befeuern der Öfen. Das Erz wurde in speziellen Rennöfen so stark erhitzt, dass das Metall aus dem Gestein herausgeschmolzen wurde. Man nennt diesen Vorgang des Ausschmelzens auch Verhüttung. Danach konnte das Metall in Schmieden, Hammerwerken und in Schleifkotten mithilfe von Wasserkraft weiterverarbeitet werden. Am Kaltenbach, an der Gelpe und an anderen Bächen standen einst insgesamt 16 Eisenhämmer und 31 Schleifkotten. Fast alle Betriebe in Cronenberg waren in irgendeiner Weise mit der Herstellung von Werkzeugen beschäftigt.

Darstellung der Eisenverhüttung im 17. Jahrhundert

Und heute?

Industriekultur Cronenbergs

Viele Straßennamen wie *Hütter Busch* (verhütten) oder *Schorfer Straße* (schürfen) erinnern an Cronenbergs Vergangenheit. Einen der alten **Kotten**, den **Manuelskotten**, kannst du als lebendes Industriedenkmal besichtigen. Nach all den Jahren ist dieser **Schleifkotten im Kaltenbachtal** zwischen Cronenberg und der Kohlfurth noch voll funktionsfähig. Heute wie damals wird er mit Wasserkraft über ein Wasserrad betrieben. Ältere ehemalige Schleifkotten befinden sich auch im **Gelpetal**. Sie heißen **Tippelskotten**, **Jasperskotten** und **Käshammer**, auch **Höltershammer** genannt. Durch das Gelpetal führt ein **industriegeschichtlicher Lehrpfad**. Schautafeln erinnern an die Hämmer, Schleifkotten und Wassertriebwerke.

Typische Produkte eines Kottens

Warum es das Zunftwesen gab

Das Zunftwesen regelte damals genau, was die Betriebe herstellten und auch, wie sie es herstellen durften. In Cronenberg gehörten anfangs Sensen zu den am häufigsten angefertigten Werkzeugen. Später verlagerte sich die Produktion auf Nägel, Hämmer, Zangen, Schraubwerkzeuge und andere kleine Eisenwaren. Viele bekannte Werkzeughersteller und Metall verarbeitende Unternehmen stammen aus Cronenberg. Einige von ihnen sind dort heute noch ansässig.

Das Cronenberger Sensenprivileg

Im Mittelalter regelten ***Zünfte*** *die Interessen der Handwerker. Als sogenanntes* ***Zunft-Privileg*** *galt das* ***Cronenberger Sensenprivileg*** *von 1600 bis 1809. Es bedeutete das Vorrecht für die Herstellung und den Verkauf von Sensen. Fast alle Sensen im Herzogtum Berg wurden in Cronenberg angefertigt. Über die Einhaltung aller Zunftgesetze wachte das strenge* ***Cronenberger Zunftgericht****. Wegen ihrer hervorragenden Qualität waren die Sensen aus Cronenberg heiß begehrt. Sie wurden nicht nur in Deutschland, sondern in ganz Europa verkauft.*

Wie eine Eisenbahn die Höhen erklomm

Cronenberg wuchs und gedieh, aber nach wie vor war es mühsam, auf den Berg zu gelangen. Ebenso schwierig war es aber auch, die vielen benötigten Rohstoffe und Nahrungsmittel hinauf- und die dort produzierten Werkzeuge hinabzutransportieren. Im Tal gab es längst eine Eisenbahnstrecke, während man im 140 m höher gelegenen Cronenberg immer noch auf Pferdefuhrwerke angewiesen war. Eine Lösung musste her und die hieß *Burgholzbahn*. 1891 wurde die 11 km lange Bahnstrecke mitten durch das Waldgebiet Burgholz endlich in Betrieb genommen. Die Burgholzbahn (oder *Samba-Bahn*) beförderte zuerst fast nur Güter zwischen Cronenberg und Elberfeld, erst nach und nach wurde auch der Personenverkehr ausgebaut.

Einfahrt im Bahnhof Küllenhahn

Die Samba-Bahn im Bahnhof Cronenberg 1985

Halt im Bahnhof Cronenberg

Eine Bahn tanzt durchs Burgholz

Samba heißt ein brasilianischer Tanz mit schwingenden Bewegungen. Weil die Streckenführung der Eisenbahnlinie durch das Waldgebiet Burgholz so kurvig und steil war, schaukelten und tanzten die Waggons hin und her. Darum erhielt die Burgholzbahn den sehr passenden Spitznamen „Samba".

Ronsdorf

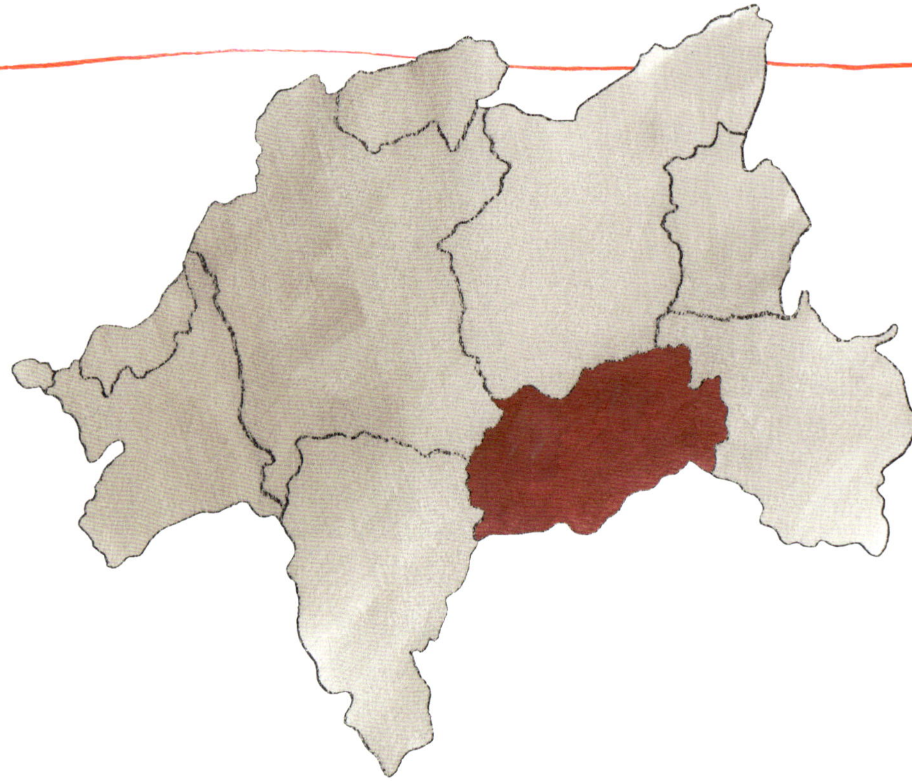

Wo der Löwe die Blickrichtung wechselt
Auf dem historischen Wappen der Stadt Ronsdorf schaut der rote Bergische Löwe anders als auf allen anderen Stadtwappen demonstrativ über die Schulter zurück. In seinen mächtigen Vorderpranken hält er ein ovales Emblem. Darauf stehen die biblischen Worte „Der Herr mit uns". Der preußische König Wilhelm I. unterzeichnete 1867 die offizielle Verleihungsurkunde für das Wappen.

Wie aus vier Bauernhöfen Ronsdorf entstand
Die erste sichere Erwähnung als „Ronsdorp" stammt aus dem Jahr 1494. So hieß auf einer alten Urkunde der Hof einer Familie, die sich auf dem Siedlungsplatz (Ronsdorfer Mulde) niedergelassen hatte. Aus dem *Ronsdorpshof* stammte der spätere Stadtgründer *Elias Eller*. Es gab noch drei weitere alte Gehöfte, nämlich den *Blombachshof*, den *Zandershof* und den nach der Familie König benannten *Königshof*. Vom Zandershof gibt es sogar noch ein Foto. Vermutlich hat auch der Ronsdorpshof nicht viel anders ausgesehen. Ronsdorp wurde 1605 Runsterup, 1607 Ronstorff und 1641 Ronsterop genannt.

Zandershof

Warum Elias Eller die Stadt Ronsdorf gründete

Elias Eller wurde 1690 auf dem Hof Ronsdorf geboren und arbeitete als Bandwirker, später als Textilfabrikant in Elberfeld. Weil er die religiöse Gruppe der Zioniten gründete, nannte man die Anhänger dieses Glaubens auch *Ellerianer*. Nach dem Tod seiner ersten Frau heiratete er Anna Catharina vom Büchel. Mit ihr kehrte er 1737 auf den Hof seiner Familie zurück, um dem Glaubensstreit mit den reformierten Elberfeldern aus dem Wege zu gehen. Mit seiner Bandfabrik verlagerte er auch das Textilgewerbe nach Ronsdorf. Viele Ellerianer folgten ihm und bauten Häuser in der Nähe des Hofes. Bald durften sie eine eigene Kirche errichten und eine Kirchengemeinde bilden. 1745 verlieh Landesherr und Kurfürst Karl Theodor Ronsdorf die Stadtrechte. Elias Eller war bis zu seinem Tode 1750 Bürgermeister der neuen Stadt und Kirchmeister der Zionsgemeinde.

Das neue Zion des Elias Eller

*Die **Zioniten** waren eine besondere christliche Glaubensgemeinschaft. Ihre Mitglieder fühlten sich als Erwählte Gottes. Sie verehrten Eller als ihr Oberhaupt und seine Frau als Prophetin mit göttlicher Erleuchtung. Mit seinen Glaubensbrüdern baute Eller in Ronsdorf „Das neue Zion" nach dem Vorbild eines Lagers der Israeliten im Alten Testament. Mittelpunkt war die „Stiftshütte", in der Eller wohnte. In der Zionsgemeinde wollten die Mitglieder nach ihrem Glauben leben.*

Wie es nach Ellers Tod in Ronsdorf weiterging

Knapp 800 Menschen lebten 1750 in Ronsdorf, die meisten waren Ellerianer. Ohne ihren religiösen Führer löste sich die Glaubensgemeinschaft nach vielen Streitigkeiten auf. Aber der Stadtentwicklung schadete das nicht, im Gegenteil: Die Bevölkerung wuchs rasch.
50 Jahre später gab es zwar keinen einzigen Ellerianer mehr, dafür aber 301 Katholiken, 1.046 Reformierte und 1.610 Lutheraner. Du kannst bestimmt selbst ausrechnen, dass sich die Einwohnerzahl in dieser Zeit fast vervierfacht hat. Und in dem Tempo ging es weiter, viele Menschen zog es nach Ronsdorf.

Wovon die Menschen in Ronsdorf lebten

Als das Großherzogtum Berg 1806 an den Kaiser von Frankreich fiel, wurde aus Ronsdorf, Cronenberg und Remscheid bis 1813 zunächst die gemeinsame französische Verwaltungseinheit „Kanton Ronsdorf".
Danach gehörte Ronsdorf unter preußischer Herrschaft zum Kreis Lennep und erhielt 1856 erneut die Stadtrechte. In der „Stadt der Bänder" gab es viele Band- und Tuchfabriken. 1850, genau 100 Jahre nach Elias Ellers Tod, lebten 7.377 Menschen in Ronsdorf, und 1.700 von ihnen waren Bandwirker und Weber. Auch in Eisen- und Stahlhämmern, Schleifkotten, Eisen verarbeitenden Betrieben, im Eisenwarenhandel oder in der Zwirn- und Riemenfabrik fand sich Arbeit für die Ronsdorfer. 1899 wurde eine besondere Schule eröffnet, die erste Preußische Bandwirker-Fachschule. Heute befindet sich in dem Gebäude das Bandwirkermuseum.

Remscheider Hof mit Bandwirker-Fachschule

Ehemalige Gaststätte Kimpel

Wer die berühmte Ronsdorfer Rede gehalten hat

Der 22. Mai 1864 war ein wichtiger Tag für Ronsdorf. *Ferdinand Lassalle* kam zu Besuch, der Präsident des Arbeitervereins. Er wollte öffentlich vor Publikum sprechen. Lassalle vertrat die Interessen der einfachen Arbeiter und forderte das allgemeine, gleiche und direkte Wahlrecht für alle. In Ronsdorf stießen seine Forderungen auf riesiges Interesse. 523 Menschen hatten sich bereits dem Arbeiterverein angeschlossen. Aber nicht nur von ihnen wurde Ferdinand Lassalles Rede gespannt erwartet: Insgesamt 2.000 Zuhörer versammelten sich, und der Saal der Gastwirtschaft Kimpel, die du auf dem Bild siehst, fasste längst nicht alle Menschen. Vor diesem großen Publikum hielt Ferdinand Lassalle seine Ronsdorfer Rede.

Infotafel Ferdinand Lassalle

Es sollte eine seiner letzten Ansprachen sein, denn schon wenige Monate später kam er mit nur 39 Jahren ums Leben. Wie das geschah, war sehr dramatisch, denn er wurde bei einem Pistolenduell tödlich verletzt. Solche Duelle mit gefährlichen Waffen waren damals unter Männern der feineren Gesellschaft erlaubt, wenn ein sogenanntes Ehrengericht seine Zustimmung gab.

Fachschule um 1900

Schüler, an Lehrern aber mangelte es. In der Schule Laaken wurde 1881 der Platz einmal so knapp, dass die Lehrer ihre Schüler in Vormittags- und Nachmittagsgruppen aufteilten. Bei diesem Halbtagsbetrieb gaben die Lehrer von morgens bis abends Unterricht und konnten so die Klassenzimmer doppelt für den Unterricht nutzen. Mit der Erweiterung alter Schulgebäude und einigen Neubauten gab es dann aber bald genug Raum für alle und die Lehrer durften sich nachmittags wieder erholen.

Warum eine Ronsdorfer Schule aus allen Nähten platzte

Nicht nur die Zahl der Erwachsenen in Ronsdorf wuchs, denn fast alle Familien hatten damals vier, fünf, sechs oder noch mehr Kinder. Die mussten Mitte des 19. Jahrhunderts neben ihrer täglichen Arbeit auch zur Schule gehen, denn es gab schon die Schulpflicht. Alle Kinder mussten unterrichtet werden, die meisten von ihnen in den Volks- oder Elementarschulen. In den Klassenzimmern drängten sich viele

Wohin die Eisenbahn von Ronsdorf aus fuhr

Überall im Bergischen Land nahmen Mitte des 19. Jahrhunderts Eisenbahnen ihre Fahrt auf, so auch in Ronsdorf. Mit der feierlichen Eröffnung des Ronsdorfer Bahnhofs wurde 1868 die neue Eisenbahnstrecke von Rittershausen über Ronsdorf und Lennep nach Remscheid in Betrieb genommen. 1890 kam mit der Ronsdorf-Müngstener Eisenbahn noch eine weitere Strecke hinzu, die vor allem für den Gütertransport genutzt wurde.

Alter Bahnhof Ronsdorf

Wann die Ronsdorfer Talsperre gebaut wurde

In der Stadt Ronsdorf verbrauchten die Menschen immer mehr Wasser. Also beschloss 1897 der damalige Bürgermeister, eine Talsperre bauen zu lassen, um die Versorgung mit Trinkwasser zu sichern. Schon ein Jahr später begann man mit dem Bau in der Nähe des Gelpetals und 1899 wurde die Talsperre in Betrieb genommen. Sie war die sechste Talsperre, die in Deutschland gebaut wurde, und die alte Staumauer steht heute unter Denkmalschutz. Wie stolz die Ronsdorfer auf ihre Talsperre waren, zeigt eine alte Ansichtskarte.

Postkarte „Gruß von der Talsperre“

Beyenburg

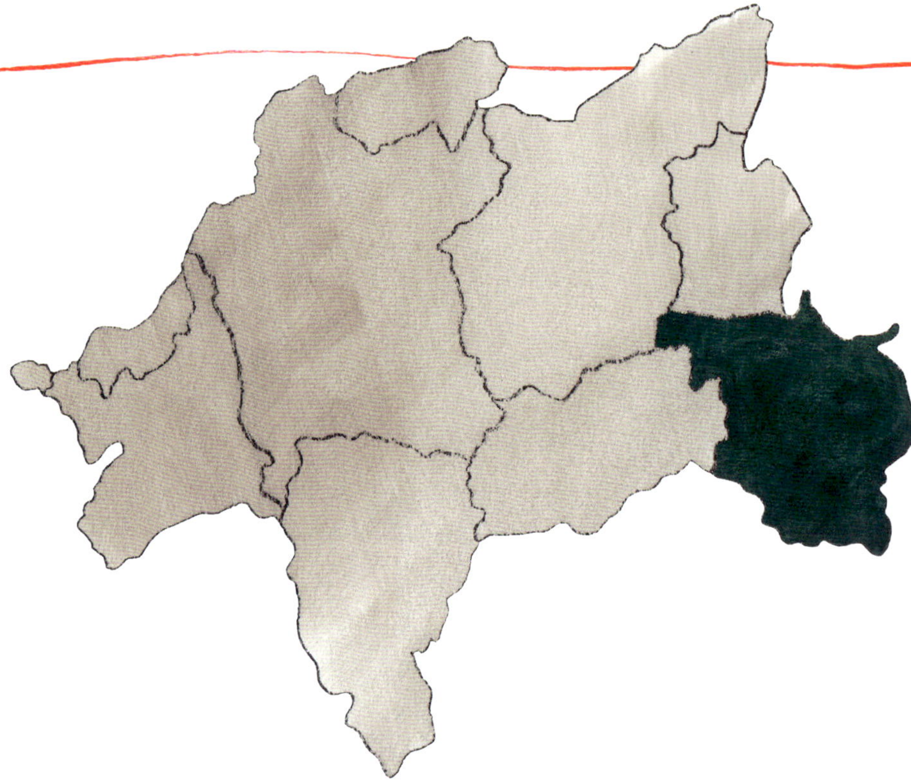

Was das Beyenburger Wappen zeigt

Auf dem Beyenburger Wappen sehen wir nur einen halben Löwen, der hinter einer Mauer von Steinen verschwindet. Diese schwarz-weißen Steine stehen symbolisch für das Haus von Berg. Für die Familie von Berg war Beyenburg eine ganz wichtige Ortschaft – warum, erfährst du, wenn du weiterliest. Das rote Kreuz ist das Symbol des Kreuzherrenordens, der bis heute untrennbar mit Beyenburg verbunden ist. Das Originalkreuz des Ordens hat eigentlich einen weißen Querbalken.

Warum Beyenburg wichtige Grenzstation war

Der älteste Teil Beyenburgs liegt in einer Wupperschleife und wurde im Jahr 1303 erstmals als *Beyenborch* erwähnt. Bereits 1189 wurde der Herrenhof Steinhaus, der früher auch Steinhus oder Steinhuys genannt wurde, erbaut. Das Steinhaus war im Gegensatz zu den Holzhäusern der damaligen Zeit wirklich ganz aus Stein gebaut und glich einer befestigten Burganlage. Es diente dem Grafen von Berg als Amtssitz und Zufluchtsstätte in unruhigen Zeiten. Um den Herrenhof entstand im Laufe der Zeit eine kleine Siedlung, der heutige historische Stadtkern von Beyenburg. Die Hauptaufgabe der Bewohner war die Sicherung der nahegelegenen Handelsstraße und der Wupperbrücke. Hier war eine wichtige Station und Kontrollstelle auf der bedeutenden alten Handelsstraße von Köln über Dortmund nach Soest und die Grenze zur Grafschaft Mark.

Die Sage vom Zwergenloch

Am Bilsteiner Kopf befindet sich ein rundes Loch, das heute noch das Zwergenloch genannt wird. Es war der Zugang zu den unterirdischen Behausungen der Zwerge. Unten an der Wupper, auf der anderen Seite, lag ein Bauernhof am Fuße des Gerstenkamps. Dort hüteten die Zwerge die Kühe, die dem Eller vom Platz gehörten. Nun hatten die kleinen Wichte aber dermaßen armselige Kleidung an, dass es den Ellers leid tat. Deshalb legten sie ihnen eines Abends neue Hosen und Kittel auf die Weide. Diese haben dann die Zwerge gefunden und angezogen und dabei gesungen: „Unser Jahr ist aus, unser Jahr ist aus“. Daraufhin sind sie im Zwergenloch verschwunden und keiner weiß, wo sie geblieben sind.

Die Sage von den Bienen

Es geht die Sage, dass in alten Zeiten in Beyenburg ein schönes Nonnenkloster gewesen sei, das allerlei Schätze verbarg. Schutzlos, nur von Nonnen bewacht, schien es eine leichte Beute zu sein. So kam es, dass einige Ritter sich zu einem Bund zusammenschlossen. Schon bald belagerten sie die Klosteranlage und die Nonnen kamen in große Bedrängnis. In ihrer Not stellten sie rings um die Klostermauern Bienenkörbe auf und versammelten sich in ihrer Kapelle zum Beten. Als nun die verbündeten Ritter hoch zu Ross das Kloster stürmten, stießen sie nichts Böses ahnend die Körbe um. Diese Ruhestörung gefiel dem Bienenvolk gar nicht. Mit lautem Summen griffen sie die Störenfriede an. Die Ritter flüchteten in wilder Panik vor den schmerzhaften Stichen des Bienenvolkes und wurden nie wieder in der Nähe des Klosters gesehen.

Das Kloster in Beyenburg

Wie die Mönche zu ihrem Kloster kamen

Um 1296 schenkte Graf Adolf von Berg seinen Herrenhof den Mönchen des Kreuzherrenordens. Sie waren zu der Zeit aus Belgien angereist und gründeten das „Kreuzbrüderkloster zum Steinernen Haus“. Durch seine Lage an der Hanse- und Heerstraße war der Hof nur wenig geeignet für ein ruhiges Leben, denn viele Reisende und Pilger nutzten diesen Weg. Daher überließen die Grafen dem Kreuzherrenorden den kleinen Berg „Bienberg“ oder „Beyenberg“. Dort bauten die Mönche ein Kloster mit Kapelle, die sie der heiligen Helena weihten. Das schönste Gebäude ist bis heute die im 14. Jahrhundert erbaute Klosterkirche Sankt Maria Magdalena, auch „Beyenburger Dom“ genannt. Heute lebt und arbeitet noch ein Kreuzbruder im Kloster.

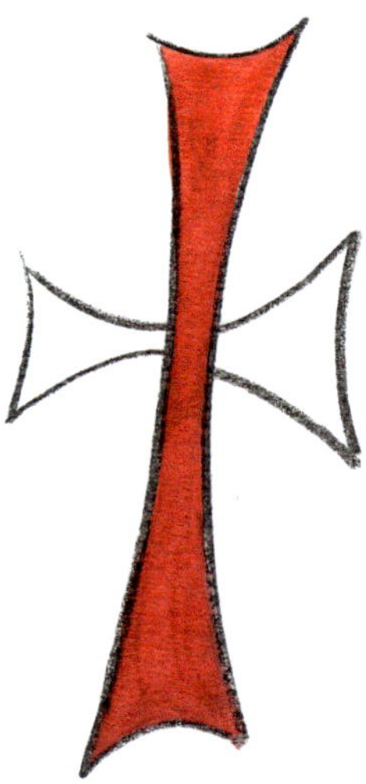

Gespräch mit Bruder Dirk

Was macht ein Mönch des Kreuzherrenordens denn heute in Beyenburg?

Mein Beruf ist eigentlich eine Mischung aus Gemeindeschwester und Krankenpfleger. Ich besuche Kranke und Sterbende, höre ihnen zu und versorge sie. Regelmäßig halten wir Gottesdienste und es gibt viele Hochzeitspaare, die die Klosterkirche für ihre Trauung auswählen. Hier ist es auch wirklich besonders schön.

Kennen Sie die Geschichte Beyenburgs?

Machen Sie Witze? Ich habe mich so viel damit beschäftigt, das würde für ein ganzes Buch reichen!

Wieso war das kleine Örtchen Beyenburg damals so wichtig?

Da kommt vieles zusammen. Natürlich war es wichtig als Amtssitz des Grafen von Berg. Das ehemalige Schlosswappen ist noch heute in der Klosterkirche zu besichtigen. Die Beyenburger waren immer schon „Grenzgänger“, denn hier verlief bereits im Mittelalter die Grenze zwischen den Franken und Sachsen und später zwischen dem Herzogtum Berg und der Grafschaft Mark. Die Beyenburger Brücke war der einzige Wupperüberweg und Grenzstation. Heute trennt die Wupper hier Rheinland und Westfalen, die Bistümer Köln und Essen, die Regierungsbezirke Düsseldorf und Arnsberg. Geografisch befinden wir uns im Bergischen Land und auf der anderen Seite beginnt das Sauerland.

Stimmt es, dass sogar Napoleon in Beyenburg war?

Durch die jahrhundertelange Nutzung mit Fuhrwerken und Vieh bildeten sich hier sogenannte Hohlwege, die sich tief in den Boden richtig eingeschnitten hatten. Ein Hohlweg war bis zu 4 m breit, sodass ein Ritter mit einer quergelegten Lanze gut durchreiten konnte. Tagelanger Regen konnte die Wege in morastige Schlammlöcher verwandeln und den Verkehr zu einer rutschigen Angelegenheit machen. Nachdem das Herzogtum Berg und die Grafschaft Mark 1806/07 unter französische Herrschaft gefallen waren, wurden zahlreiche befestigte Straßen geplant. Im Gegensatz zu den alten Wegen waren die neuen Straßen so angenehm wie Autobahnen. So wurde auch die Strecke Lennep–Schwelm gebaut. Dabei musste ein felsiger Berg durchbrochen werden und es entstand ein Felsentor, das im Volksmund auch „Napoleonstor" genannt wird. Angeblich hatte Napoleon seine Truppen hier durchgeführt. Die Hohlwege sind in Beyenburg noch heute zu sehen.

Mit freundlicher Genehmigung von Bruder Dirk Wasserfuhr

Welche Redewendungen wir aus dieser Zeit kennen

Über Stock und Stein fahren
Über schlechte, steinige Wege fahren

Jemandem aus der Patsche helfen
Jemandem aus dem Morast helfen

Neue Wege einschlagen
Mit der Hacke neue Wege in den Boden einschlagen

Viel Staub aufwirbeln
So wie die Reisenden, wenn sie mit ihren Kutschen über die staubigen Wege fuhren

Halt die Klappe
Die Chorgestühl-Sitze wurden auch Klappen genannt. Diese mussten beim Hochklappen festgehalten werden, sonst gab es einen lauten Knall.

Was von der Franzosenzeit geblieben ist

Klosett / Toilette
Kleiner Raum für menschliche Ausscheidungen

Vis-à-vis
Gegenüber

Friseur
Jemand, der berufsmäßig die Haare schneidet

Fisimatenten
Unsinn, Faxen machen

Tête-à-Tête
Vertrauliches Gespräch zweier Menschen

Wie die Beyenburger Freiheit entstand

Die Grafen von Berg bauten ca. 1336 an die engste Stelle des Berges die Beyenburg und errichteten dort ihren Amtssitz. Unterhalb der Burg und des Klosters entstand am Fuße des Beyenbergs die Freiheit Beyenburg, die aus zwei Dutzend Häusern und einer Wassermühle bestand. Die Burg Beyenburg wurde im Dreißigjährigen Krieg (1618–1648) zerstört und nie wieder aufgebaut, die gut erhaltenen Häuser der Beyenburger Freiheit kannst du noch heute betrachten. An die Wassermühle erinnern nur die gleichnamigen Straßen. Der heutige Stausee war zunächst ein Aufstaubecken, das 1898 von der Wupper-Talsperren-Genossenschaft errichtet wurde. Dieses diente dem Schutz vor Hochwasser, von dem die Wupper in früherer Zeit oft betroffen war und wurde 1950 durch den Neubau des Beyenburger Stausees abgelöst. Aber nicht alle Probleme sind damit gelöst, wie sich beim Hochwasser 2021 leider erneut gezeigt hat.

Beyenburg auf einer alten Postkarte

Dönberg

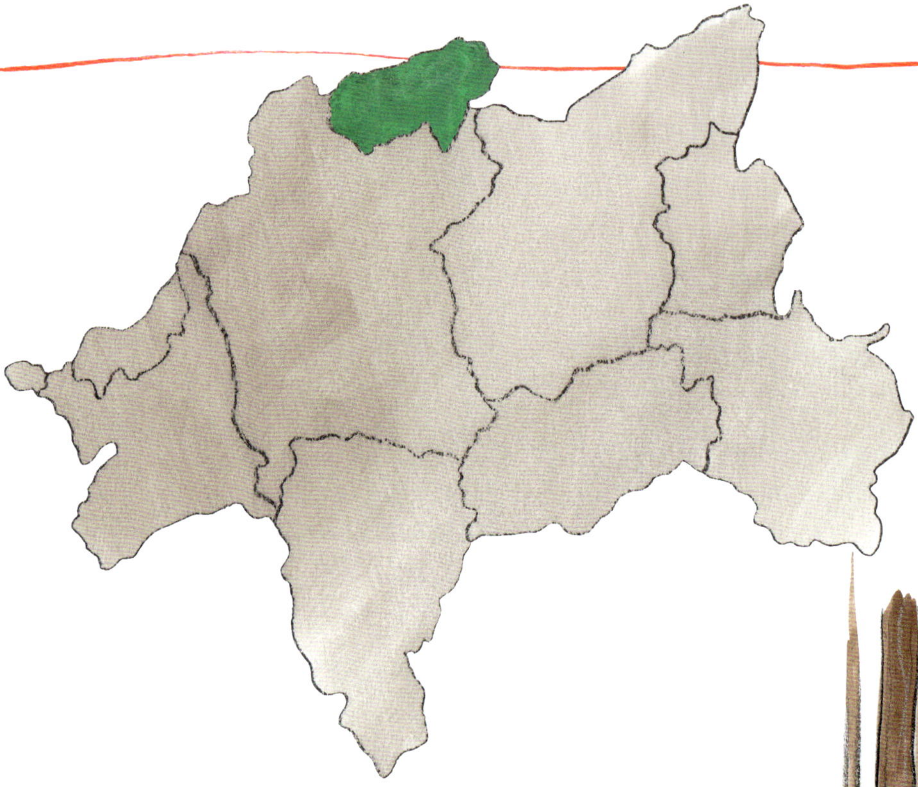

Welche Symbole im Dönberger Wappen stehen

Erst im letzten Jahrhundert entstand das Dönberger Wappen, entwickelt vom Bürgerverein des Stadtteils. Oben befindet sich der Bergische Löwe und unten ein Symbol, welches in der Wappenkunde Doppelsparren genannt wird. Dieses Symbol steht für die Herrschaft Hardenberg zu Neviges und warum es dort zu sehen ist, liest du gleich.

Was Dönbergs andere Namen bedeuten

Dönberg, das auch „Dumberg“ oder „Thumberg“ genannt wurde, war in früher Zeit ein undurchdringliches Waldstück auf einer Höhe von 300 Metern. „Thumberg“ bedeutet „der Berg, der zu einem Kloster oder Stift gehört“. Nach alten Aufzeichnungen ist damit wohl das Reichsstift Werden gemeint. Dieses unterstand bis zur Mitte des 12. Jahrhunderts der Herrschaft Hardenberg, eine Unterherrschaft des Herzogtums Berg. Das kleine Flüsschen Deilbach, das unterhalb des Dönbergs fließt, war schon immer Grenzgebiet. Hier standen sich einst Sachsen und Franken gegenüber und es war auch die Grenze zwischen dem Hause Berg und der Grafschaft Mark. Seit 1815 grenzen am Deilbach Rheinland und Westfalen aneinander.

Wo die wilden Räuber hausten

Jahrhundertelang scheuten sich die Menschen, diesen Höhenrücken mit seinem nassen Waldboden und den dichten Ilex-Sträuchern zu besiedeln. Es gab nur einige verstreute Höfe, die die „Bauernschaft Dönberg" bildeten. In alten Erzählungen wird berichtet, dass die Wälder in und um Dönberg das Versteck einer gefürchteten Räuberbande waren. Es soll sogar eine richtige Entführung gegeben haben. Am Pfingstsonntag 1625 brachten die Schurken den Sohn des Amtmanns in ihre Gewalt und steckten anschließend die Schule in Brand. Das waren wilde Zeiten damals auf Dönberg und erst Napoleon legte dem Räuberpack das Handwerk. Ob es wirklich so war, weiß keiner so genau.

Wie durch den Schulbau eine Siedlung entstand

1517 wurde Dönberg in einer Lehensurkunde erstmals erwähnt, und doch dauerte es noch viele Jahre, bis die eigentliche Siedlung auf dem Dönberg entstand. Der Bau der Schule 1755 war für viele Familien ein Grund, sich in der Nähe niederzulassen, um hier zu lernen und zu arbeiten. In der Schule fand am 12. Juni 1831 eine erste Bibelstunde statt, die so gut besucht war, dass bald eine eigene Kapelle gebaut wurde. 1839 wurde an anderer Stelle eine neue Schule errichtet. Die „Alte Schule" wurde als Wohnhaus umgebaut und existiert noch heute. 1846 wohnten im Ortskern von Dönberg etwa 200 Menschen.

Womit die Dönberger ihren Lebensunterhalt verdienten

Bis zum 15. Jahrhundert lebten die Bewohner Dönbergs vor allem von der Landwirtschaft oder versuchten, sich als Kohlentreiber über Wasser zu halten. Als im Laufe der Jahrhunderte Landstraßen angelegt wurden und die Motoren die Pferdekarren verdrängten, lohnte sich diese Arbeit nicht mehr. Die aufstrebende Textilindustrie erreichte auch den Höhenzug Dönberg und viele verdienten von nun an ihr Geld als Weber oder Bandwirker.

Der Weg zur Textilstadt

Von Zwirnen, Küpen und der Buke

Solch lustige Begriffe entdeckst du alle in diesem Kapitel. Außerdem erfährst du hier eine Menge über die Vergangenheit der Städte Barmen und Elberfeld im Bergischen Land, aus denen viel später unser Wuppertal wird. Wir beschäftigen uns in diesem Kapitel ganz besonders mit dem Bleichen, Färben und Weben im Tal der Wupper. In Barmen und Elberfeld lebten wohlhabende und auch sehr arme Menschen – das ist heute immer noch so. Aber früher waren die Unterschiede zwischen Arm und Reich noch größer. Die ärmsten Familien konnten oft nur überleben, wenn auch ihre Kinder arbeiteten. Vielen ging es so, wie dem kleinen Hermann, dessen Geschichte du noch kennenlernen wirst. Schon im Alter von 7 Jahren musste er regelmäßig seinem Vater beim Weben helfen.

Der Bleicherbrunnen am Wupperfelder Markt

Warum die Garnnahrung tatsächlich satt machte

Herzog Johann „der Friedfertige“ von Jülich-Kleve-Berg verlieh den Elberfeldern und den Barmern 1527 das Recht zum Bleichen und zur Garnverarbeitung (Zwirnen). Die Wupper floss damals klar und sauber durch das Tal und die Wiesen am Ufer eigneten sich perfekt zum Bleichen. Nur die Bleicherzunft im Tal der Wupper durfte von nun an das Leinen und Garn des gesamten Herzogtums bleichen und verarbeiten. Dieses Vorrecht nannte sich *Garnnahrung* und es bestand 283 Jahre lang bis zum Jahr 1810. Barmen und Elberfeld gelangten durch das Garn, das von weither geliefert wurde, zu großem Wohlstand. Obwohl man Garn natürlich nicht essen kann, ernährte es im übertragenen Sinn fortan die Menschen im Tal.

Und heute?

Auch heute noch gibt es vielfältige Spuren dieser textilen Vergangenheit. Einige Straßennamen erinnern an die Bleicher und Färber: *Auf der Bleiche, Bleicherstraße, Garnstraße, Bandstraße, Färberstraße.* Sehr schön ist der im Jahr 1884 errichtete **Bleicherbrunnen** auf dem Wupperfelder Markt, auf dem die Figur eines Garnbleichers zu sehen ist. Lebendige Tradition dagegen ist das **Bleicherfest**, ein seit 1975 jährlich stattfindender Flohmarkt.
In ganz Wuppertal laden zudem blaue Tafeln mit Texten und Bildern dazu ein, etwas zu entdecken. Der **Bergische Geschichtsverein** zeigt darauf ganz wunderbar, wie geprägt die Stadt durch das Industriezeitalter immer noch ist.

Um auf den Spuren der Bleicher zu wandeln, kann man der Route 3 folgen: Heckinghausen – Öhde („Vom Bleichen zur Kunstseide“).

Oben und Bild unten: Typische Barmer Artikel: Bänder, Spitzen und Litzen

Warum das Garn auch mal geschmuggelt wurde

Das Garnnahrungsprivileg bezog sich auf das Herzogtum Berg, welches immer in unmittelbarer Nähe zur Grafschaft Mark lag. Hier witterten einige Kaufleute die Gelegenheit, ein paar Taler sparen zu können. Das benachbarte Mark musste sich an keine Richtlinien halten und so bleichte man das Garn in Schwelm beispielsweise wesentlich günstiger als in Barmen. So wurde manches Garnbündel des Nachts über die nahe Grenze geschmuggelt. Erwischen lassen durfte man sich freilich nicht, denn die Strafe hierfür waren viele hundert Goldgulden.

Die Barmer Artikel

*Nicht nur Bandwebstühle, sondern auch Flechtmaschinen und Spinnapparate hatten einen großen Anteil an der Textilindustrie im Tal der Wupper. Aus England kam die **„Spinning Jenny“**, ein Spinnapparat, der sechs Fäden auf einmal spinnen konnte. Der Franzose Jacquard erfand einen Webstuhl, der mithilfe von Lochstreifen sogar verschiedene Muster webte. Die hergestellten Bänder, Spitzen und Litzen waren den reicheren Bürgern zur Verschönerung ihrer Kleider und Hüte vorbehalten. Die Arbeiter konnten sich solche schönen Dinge nicht leisten. Mit diesen **„Barmer Artikeln“** wurde Barmen in der ganzen Welt bekannt. Im **Museum für Frühindustrialisierung** kannst du all diese Maschinen sehen. Noch heute werden dort verschiedene Bänder, Litzen und Kordeln für die Besucher produziert. 1983 eröffnet, war es das Erste seiner Art. Es folgten die **Bandweberei Kafka** ebenso wie das **Museum Industriekultur** und das **Bandwirker-Museum** in Ronsdorf.*

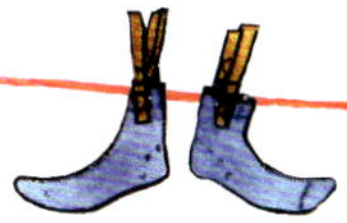

Wie aus schmutzigen Fasern strahlend weißes Leinen entstand

Für den Vorgang des Bleichens benötigte man reichlich Fläche und Geduld: Fläche für die Bleicherhütte samt ausgedehnten Wiesen nahe der Wupper, Geduld für die sich stets wiederholende Arbeit. Denn es konnte drei Monate dauern, bis das braune Garn den erwünschten weißen Ton angenommen hatte. Zunächst sortierte man das Garn und band es zu Strängen zusammen. Dann wurden diese in großen Kupferkesseln (den *Küpen*) 12 Stunden lang in einer Lauge gekocht und anschließend ordentlich gespült, um in einer Holzwanne (der *Bütt*) zu landen und immer wieder mit heißer Lauge (der *Buke*) übergossen zu werden. Dieser letzte Vorgang wird *beuchen* genannt. Nun kam das Wupperwasser zum Einsatz. Es wurde dazu benutzt, das auf den Wiesen ausgebreitete Garn mithilfe einer langen Schaufel (der *Güte*) zu besprengen. Damit es nicht faulte, wurde es fortwährend gewendet. Danach wiederholte sich das Beuchen und Bleichen – insgesamt 10–12 Mal. War das Weiß strahlend genug, wurde das Garn zum Trocknen auf Holzgestelle gehängt und am Ende in Holzschuppen (*Garnkästen*) gelagert. Man konnte es nun entweder verkaufen oder zu Stoffen weiterverarbeiten.

Und heute?

Bleichen in der heutigen Zeit

Heute wie damals unschlagbar: die Sonne! Hängst du ein Kleidungsstück zum Trocknen ins Freie, entstehen chemische Verbindungen durch das Zusammenwirken von Feuchtigkeit, Sauerstoff und Sonnenstrahlen, die die Flecken entfernen können.

Diese Verbindungen gibt es auch in den modernen Bleichmitteln. So bist du in der Lage, auch bei schlechtem Wetter mithilfe der Waschmaschine zu bleichen. Zunächst kannst du versuchen, dein Lieblingsteil vor dem Waschgang mit Zitronensaft und Essig zu behandeln oder dem Waschpulver einfach ein wenig Backpulver beizufügen. Hilft das nicht, kommen diese Bleichmittel ins Spiel. Achte einfach auf das Pflegesymbol in deiner Wäsche, welches du auf dem eingenähten Etikett findest. Es zeigt dir, wie das jeweilige Kleidungsstück gebleicht werden sollte.

Du hast ein durchstrichenes Dreieck gefunden? Dann bügele doch einfach einen coolen Aufnäher über den Fleck!

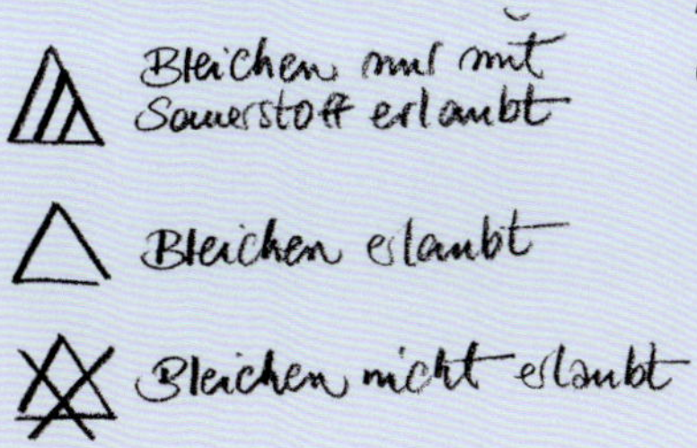

Hermann und August machen blau

Was war der Schulweg heute wieder anstrengend! Hermann gähnte und setzte müde einen Fuß vor den anderen. Gestern war es lange hell gewesen und darum hatte er noch bis in die Nacht hinein seinem Vater beim Spulen geholfen. Der Vater war Weber und besaß einen eigenen großen Bandwebstuhl, der mitten in der Wohnung stand. Als ältester Sohn musste Hermann mit seinen sieben Jahren ihm oft helfen. Spaß machte ihm das nicht, aber er kannte es nicht anders. Manchmal hörte Hermann andere Kinder draußen herumtoben und wäre zu gern dabei gewesen.

Morgens machte sich Hermann immer schon in der Frühe auf den Weg durch den Kothener Busch hinunter zur Elementarschule in Unterbarmen. Dort lernte er Lesen, Schreiben und Rechnen. Sein Lehrer, der Herr Müller, war streng und achtete auf Pünktlichkeit. Also musste sich Hermann auch heute beeilen, obwohl er sich am liebsten einfach ins Gras gesetzt hätte. Weder die warme Morgensonne noch das fröhliche Vogelgezwitscher konnten ihn aufheitern.
In trübe Gedanken versunken, hörte er plötzlich seinen Namen. „Hermann, so warte doch mal!" August, einer der Nachbarsjungen, kam herangelaufen und war ganz außer Atem. „Wir sind spät dran", keuchte August, „das schaffen wir nie im Leben pünktlich in die Schule!" Hermann wurde es mulmig. Eine Uhr besaß er zwar nicht, aber es war bestimmt schon ziemlich spät. Die Sonne stand viel höher am Himmel als sonst. Gemeinsam gingen die beiden Jungen weiter. August wurde immer langsamer, bis er schließlich stehen blieb. „Ärger gibt es sowieso, da können wir uns noch so sputen. Ich mag nicht mehr, ich mache blau. Komm, wir legen uns dort hinter den Büschen in die Sonne!"

Die Aussicht auf einen faulen Vormittag war verlockend! Hermann ließ sich von seinem älteren Schulkameraden schnell überreden. Die Jungen warfen ihre Schultaschen in die nächste Hecke und stürmten zur kleinen, versteckten Lichtung hinter den Bäumen. Dort machten sie es sich gemütlich und dösten ein bisschen. Später warfen sie Stöcke und mittags aßen sie ihre Schwarzbrotscheiben. Schließlich war es Zeit für den Heimweg.

Hermann bereute jetzt, dass er auf August gehört hatte. Wenn das herauskam! Es würde eine ordentliche Tracht Prügel setzen. Da kannte sein Vater kein Pardon. Augusts Eltern waren viel fortschrittlicher: Sie würden zwar mächtig schimpfen und vielleicht auch eine Ohrfeige austeilen, aber schlimme Schläge musste August nicht befürchten. Ja, der August, der hat es gut ..., dachte Hermann.

Vom Blaumachen

***Blaumachen** ist eine abgekürzte Redewendung, die bedeutet, dass jemand seiner Arbeit nicht nachgeht oder der Schule ohne triftigen Grund fernbleibt. Gemeint war ursprünglich ein bestimmter Tag, nämlich der Montag („einen blauen Montag machen“).*

Warum aber gerade „blau“? Dazu gibt es unterschiedliche Meinungen. Es könnte sein, dass ursprünglich die Färber, vor allem die „Blaufärber“, montags die gefärbten Garne aus dem Färbebad nahmen. Während das Garn an der Luft trocknete, nahm es erst allmählich den gewünschten tiefblauen Farbton an. In dieser Zeit gab es für die Färber nichts zu tun – sie machten einfach blau.

Wie die Weber arbeiteten

Zu Beginn des 19. Jahrhunderts lebten in Barmen und Elberfeld viele Weber. In ihren ohnehin engen Wohnstuben stand der riesige Webstuhl. Während der Vater den Webstuhl bediente, halfen Mutter und Kinder beim Aufwickeln und Verknoten des Garns. Das bedeutete 12 Stunden täglich knochenharte Arbeit für alle. Am Samstag stand der Webstuhl still, denn da brachte der Vater dem Kaufmann seine fertige Ware. Nach der ganzen Schinderei gab es oft nur 2 Taler. In der Tabelle auf Seite 81 siehst du, wie wenig man dafür kaufen konnte. Im Laufe der Zeit übernahmen die Weber auch Auftragsarbeiten für die Bandfabriken.

Wie die Dampfmaschinen ins Wuppertal einzogen

Viele Fabriken wurden neu gebaut und bald schon arbeiteten die meisten Weber an einer Dampfmaschine. Jetzt gab die Fabrikuhr Anfang und Ende des Tages an. Außerdem ersetzte günstige Baumwolle die heimische Leinenfaser in vielen Bereichen der Textilverarbeitung. Es herrschten harte Arbeitsbedingungen, vor allem für die Kinder. Die Luft war staubig von all den Baumwollfasern und es war extrem laut. Alle Arbeiter hätten eigentlich Schutzmasken gebraucht, aber darüber machte sich damals noch niemand Gedanken. Immer mehr Menschen zog es in die Stadt, um in den Baumwollspinnereien und Bandwebereien Geld zu verdienen. Bis zu den Hügeln hinauf erstreckten sich Wuppertals Ansiedelungen. Doch das ersehnte Glück blieb aus. Es gab kaum Wohnungen und der Lohn reichte nicht einmal für das Nötigste. Durch die mangelnde Hygiene gehörte der Kampf gegen Ungeziefer und Ratten zum täglichen Leben. Krankheiten wie Masern und Pocken waren gefürchtet und forderten viele Tote.

Textilmaschine im Museum Industriekultur

Waren oder Geld – wie die Arbeit entlohnt wurde

In der frühindustriellen Zeit wurde auch von Wuppertaler Fabrikbesitzern das *Trucksystem* genutzt, um die Arbeiter zu entlohnen. Sie erhielten dann statt des erhofften Lohns (*Taler*) minderwertige Waren, die sie nicht gebrauchen konnten – beispielsweise einen Vogelkäfig oder ein Rasiermesser. Um Brot zu bekommen, mussten sie die Waren meist unter ihrem Wert weiterverkaufen. Diese Art der Entlohnung wurde 1849 verboten.

Zahlungsmittel und ihr Wert

1821–1871 galt in Preußen:

1 Taler = 30 Groschen = 360 Pfennige.
Um 1850 betrug der Wochenlohn eines Baumwoll- und Leinenwebers 2 Taler und 3 Groschen.

Das bekam man für sein Geld:

Mittlere Miete: 20 Groschen, 20 Pfennig
3 ½ Pfund Fleisch: 12 Groschen, 3 Pfennig
3 Schwarzbrote: 10 Groschen, 6 Pfennig
Seife: 2 Groschen
Schulgeld: 4 Groschen

Kinderarbeit in den Fabriken

Die Jungen der Schulanfängerklasse 1902 der Städt. Grundschule an der Germanenstraße

Wie hart die Kinder damals arbeiten mussten

In den Fabriken waren Kinder als Arbeiter sehr begehrt. Sie galten als flink und ihre kleinen Hände eigneten sich besonders gut für die Arbeit an den Textilmaschinen. Außerdem kosteten sie nicht viel. Die Nachfrage nahm zu und so wurden sie als Arbeitskräfte auf speziellen Kindermärkten angeboten. Die meisten Familien hatten gar keine andere Wahl, als ihren Nachwuchs in die Fabrik zu schicken: Die Armut zwang sie dazu. Die Kinder arbeiteten in allen Bereichen der Produktion. Sie halfen beim Reinigen der Baumwolle, knüpften abgerissene Fäden an, wechselten die Spulen und säuberten die Maschinen. Das war keine ungefährliche Arbeit, denn die Webstühle nahmen keine Rücksicht auf die Finger oder Zehen der Kinder, die mit dem Aufsammeln der Baumwollreste beschäftigt waren. Durch die ständige gekrümmte Haltung blieben viele Kinder kleinwüchsig oder behielten einen krummen Rücken. Der andauernde Lärm machte sie schwerhörig. Die Möglichkeit, eine Schule zu besuchen, gab es am frühen Morgen oder am späten Abend. Aber das Lernen fiel den Kindern nach einem Arbeitstag von acht bis zwölf Stunden bestimmt schwer. Ob sie wohl an manchen Tagen einfach während des Unterrichts eingeschlafen sind?

Ein Gesetz zum Schutz der Kinder?

Am 9. März 1839 wurde das erste ***Kinderschutzgesetz*** *erlassen. Kinder unter neun Jahren durften nicht mehr in den Fabriken beschäftigt werden und Jugendliche unter 16 Jahren höchstens zehn Stunden. Außerdem sollten sie drei Jahre lang die Schule besucht haben. Nicht Mitleid oder Einsicht veranlasste den preußischen König zu diesem Gesetz. Es war vielmehr die Sorge, dass aus kranken Kindern keine kräftigen Soldaten heranwachsen würden. Tatsächlich waren viele junge Menschen wegen ihrer körperlichen Gebrechen nicht mehr einsatzfähig. Seit 1853 ist die Kinderarbeit in Fabriken ganz verboten.*

Kinderarbeit in heutiger Zeit

Und heute?

Es gibt viele Länder, wo diese schrecklichen Zustände immer noch Realität sind. Teppiche knüpfen, Steine hauen, als Haussklaven schuften, auf Plantagen arbeiten: So sieht der Alltag vieler Kinder in Asien, Afrika und Lateinamerika aus. Statt zur Schule zu gehen und eine richtige Ausbildung zu bekommen, müssen sie von klein auf arbeiten. Dafür gibt es oft keinen oder geringen Lohn, weil die Schulden der Eltern abgearbeitet werden. Viele Kleidungsstücke, die bei uns kaum etwas kosten, wurden durch harte Arbeit von Kindern hergestellt.

Wie du etwas dagegen tun kannst

Helfen kennt kein Mindestalter: Organisationen wie **Terre des Hommes, Unicef** oder die **Kindernothilfe** ermöglichen auch Kindern und Jugendlichen, sich für die Kinderrechte weltweit einzusetzen. Ein Blick auf deren Internetseiten zeigt dir viele Projekte, die schon erfolgreich durchgeführt wurden. Fair gehandelte Produkte wie Kleidung oder Lebensmittel bekommst du in den *Weltläden* in Wuppertal. Die Ware dort wurde ohne Kinderarbeit hergestellt und alle Arbeiter erhalten faire Löhne.

Garnfärber

Heimische Pflanzen zur Farbherstellung

***Färberwaid** – Farbe Blau (Indigo). Die spezielle „Zutat" war Urin, um die Farbe richtig blau zu bekommen und haltbar zu machen – puh, wie das wohl stank!*

***Färberdistel** – Farbe Gelb bis Orange. Sie wurde auch „Falscher Safran" genannt.*

***Färberkrapp** – Farbe Braunrot bis Rot. Das war der Grundstoff für das Türkischrot.*

Wertvolles aus fernen Ländern

***Purpurschnecken** stammen aus Griechenland oder der Türkei. Aus der Farbdrüse der Schnecken wurde der rote Farbstoff gewonnen. Das wertvolle Purpur war Kaisern und anderen Herrschern vorbehalten. Zum Einfärben einer Tunika wurden 10.000 Schnecken benötigt. Purpur ist seit 1468 die offizielle Farbe der katholischen Kardinäle.*

Was die Farbe Türkischrot im Tal veränderte

Im 18. Jahrhundert kam das Türkischrotfäben in Mode. Nun zogen neben Bleichern und Webern auch immer mehr Färber ins Wuppertal und übten in den Färbereien ihr Handwerk aus. Insbesondere die Farbe *Türkischrot*, ein besonders leuchtendes Rot, war sehr begehrt. Die Färber im Wuppertal kannten das Geheimnis des Krapps, einer Pflanze, die auch den Namen „Echte Färberröte" trägt. Schon bald gab es viele Türkischrotfärbereien und Garnhandlungen in Elberfeld und Barmen.

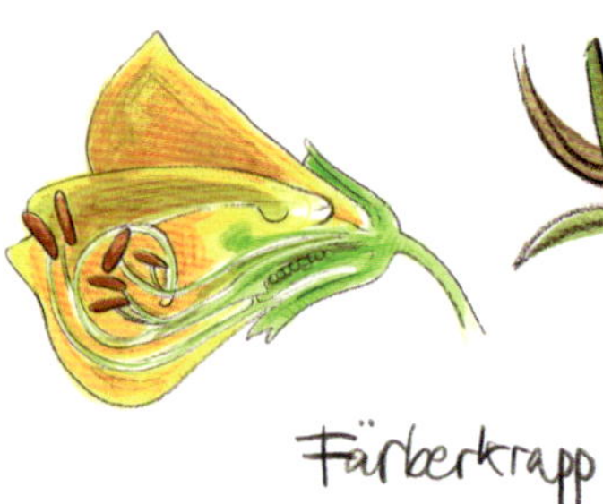

Warum die Wupper den Namen Regenbogenfluss bekam

Etwa 50 Jahre später stellten Barmen und Elberfeld das Herz der Textilherstellung in Europa dar. Die Bevölkerung wuchs und damit alle Menschen Platz fanden, wurde viel gebaut. Allerdings dachte niemand an die heute so selbstverständlichen Dinge wie Müllabfuhr oder Kanalisation. So blieb den Menschen nichts anderes übrig, als ihren Müll und den Inhalt ihrer Nachttöpfe in den Fluss zu kippen. Noch stärker wurde das Wasser jedoch durch gewerbliche Abfälle verunreinigt. Die Firma Bayer handelte mit synthetischen, also künstlich hergestellten Farben. Die Farbreste landeten in der Wupper und an manchen Tagen sah sie giftgrün oder blau aus. Oft schillerte der Fluss auch in mehreren Farben, was ihm den Namen *Regenbogenfluss* einbrachte. An manchen Tagen stank die Wupper sehr und alle Menschen, die direkt am Fluss wohnten, waren diesen üblen Gerüchen hilflos ausgesetzt. Die verschiedenen Abfälle verseuchten das Wasser. Viele Kinder starben zwischen 1852 und 1880 wegen der schrecklichen Lebensbedingungen. Besser wurde es erst, als das Trinkwasser aus der Ruhr kam, einem zu dieser Zeit weniger verschmutzten Fluss. Die Firma Bayer zog nach Elberfeld um und leitete weniger Unrat in den Fluss. Später wurde auch der Müll regelmäßig abgeholt und eine Kanalisation gegraben. Die Wupper durfte sich erholen und genau das hat sie auch getan, wie ihre heutige gute Wasserqualität zeigt.

Die Pioniere der synthetischen Farbherstellung

Friedrich Beyer, *änderte seinen Namen in Bayer, 1825–1880*
Johann Friedrich Weskott, *1821–1876*
Friedrich Carl Duisberg, *1861–1935*

F. Bayer und J. F. Weskott gründeten 1863 die Firma „Friedr. Bayer et com." und experimentierten mit künstlichen Farben. F. C. Duisberg arbeitete ab 1883 bei Bayer, wo auch er wieder neue Farbstoffe erfand. Jetzt darfst du dreimal raten, welcher Vorname damals sehr verbreitet war. Wenn du es weißt, hast du eine gute Eselsbrücke, um dir diese Farbpioniere zu merken!

Maschinen übernehmen die Arbeit

Von Fabrikanten, Arbeitern und Friedrich Engels

Die wachsende Industrie veränderte Arbeit und Leben der Menschen. Viele zogen in die Städte, um in Fabriken an dampfbetriebenen Maschinen zu arbeiten. Die Kluft zwischen den armen Arbeitern und den reichen Fabrikherren wurde immer größer. Diese Entwicklung, die *Industrielle Revolution* genannt wird, begann in England. In der englischen Industriestadt Manchester hießen die Fabrikarbeiter damals einfach *hands* (Hände), weil sie im Gegensatz zu ausgebildeten Handwerkern nur noch gleichförmige Handbewegungen an Maschinen ausführten. Das Wuppertal entwickelte sich im 19. Jahrhundert allmählich zum deutschen Manchester. Friedrich Engels, der Sohn eines wohlhabenden Barmer Baumwollfabrikanten, kritisierte seit seiner Jugend die Zustände in den Fabriken und die elende Lage der Arbeiter.

Welche Bedeutung die Familie Engels für die Barmer Textilindustrie hatte

Mitte des 18. Jahrhunderts ließ sich Johann Caspar Engels im Tal der Wupper nieder. Das war Friedrich Engels' Urgroßvater. Er gab die Landwirtschaft im Rheinland auf, um in Barmen sein Geld als Garnhändler mit eigener Bleicherei zu verdienen. Später gründete er die erste Barmer Manufaktur zur Produktion von Spitzen und brachte es zu Ansehen und Wohlstand. Seine Söhne Johann Caspar jun. und Benjamin führten nach dem Tod des Vaters das Familienunternehmen fort, das inzwischen Barmens größte Textilfabrik war. Um genug Wohnraum für alle Arbeiter zu schaffen, entstand in der Nähe der Wohnhäuser der Familie Engels eine Arbeitersiedlung. Damit die Arbeiterkinder unterrichtet werden konnten, ließ Johann Caspar junior in dieser Siedlung, die man Engels-Bruch oder auchBrucher Rotte nannte, 1796 eine Schule bauen. Im selben Jahr wurde Friedrich Engels senior geboren, der Vater des berühmten Friedrich, von dem die Geschichte auf der nächsten Seite erzählt.

In diesem Kapitel erfährst du vieles über Friedrich Engels – aber es gibt nicht nur den Namen Friedrich Engels gleich zweimal, sondern auch einen doppelten Johann Caspar. Wenn du die Personen der Engels-Familie kaum auseinanderhalten kannst, ist das also kein Wunder. Ein Blick in die Tabelle hilft dir aber bestimmt, den Überblick zu behalten.

Wer war eigentlich wer in der Familie Engels?

Johann Caspar Engels (1715–1787)
Urgroßvater von Friedrich

Johann Caspar Engels (1753–1821)
Großvater von Friedrich

Friedrich Engels (1796– 1860)
Vater von Friedrich

Friedrich Engels (1820– 1895)
der Friedrich, um den es hier geht!

Ansicht von Barmen

Dicke Luft im Engels-Haus

Marie und Anna Engels saßen auf der Bleicherwiese beim Lagerhaus. Drütschen und Mineken, die alten Mägde ihrer Großeltern, hatten ihnen dick mit zähem Apfelkraut bestrichene Brotscheiben zugesteckt, auf denen sie jetzt lustlos herumkauten. Obwohl die Schwestern kein Apfelkraut mochten, hatten sie sich höflich bedankt. Die alten Frauen meinten es gut mit ihren Gaben und versorgten auch die großen Brüder Fritz und Hermann zur Genüge.

„Ob Fritz die Schulprüfung wohl bestanden hat?", rätselte Anna. Marie antwortete erst nach langem Zögern. „Gestern hat Vater ihn Friedrich genannt und in sein Zimmer kommen lassen. Und du weißt ja, Friedrich statt Fritz – das bedeutet nichts Gutes. Vielleicht wird er nicht in die Abschlussklasse versetzt. Dann kommt er nicht nächstes, sondern erst übernächstes Jahr aufs Gymnasium in Elberfeld."
Da ertönte auf einmal Fritz' Stimme hinter ihnen: „Ach, Gänschen, die Prüfung vor allen Schülern, Lehrern und Eltern war furchtbar. Eben hat die Lehrerkonferenz endgültig gegen meine Versetzung gestimmt. Drinnen in der Stube ist so dicke Luft, die kann man in Stücke schneiden."

Marie drehte sich um. „Friedrich!", ahmte sie die tiefe Stimme des Vaters nach. „Du sollst mich doch nicht Gänschen nennen! Und außerdem ist es gemein, sich anzuschleichen und uns hinterrücks mit so einer schlechten Nachricht zu überfallen!"
„So schlimm finde ich das gar nicht", meinte Fritz achselzuckend. „Muss Elberfeld eben warten. Vater ärgert wahrscheinlich am meisten, dass er für meine Ehrenrunde auf der Barmer Stadtschule nun noch einmal 12 Silbergroschen für Tinte und 33 Taler Schulgeld bezahlen muss." Und mit einem Blick auf den letzten Rest Apfelkrautbrot, den sich Anna in den Mund stopfte, fügte er grinsend hinzu: „Aber ich bin trotzdem ein Glückspilz, denn das ist mir erspart geblieben!"

Anna deutete in Richtung Lagerhaus. „Freu dich nicht zu früh, schau mal, wer da oben aus dem Fenster winkt." „Los, nichts wie weg hier!", rief Fritz, und so endete der Nachmittag mit einem Wettrennen. Beim Abendessen war auch Vater Engels wieder milder gestimmt. Mutter hatte, wie so oft, ein gutes Wort für Fritz eingelegt. Und darum wurden es doch noch richtig schöne große Ferien für alle Engels.

Friedrich Engels in jungen Jahren

Wie Friedrich Engels in Barmen aufwuchs

Auch wenn manches in der Geschichte über die dicke Luft im Engels-Haus erfunden ist, könnte sie sich so ähnlich zugetragen haben. Friedrich wurde 1820 in Barmen als erstes von insgesamt neun Kindern der Familie geboren. Auf Gottesglauben und Gehorsam legte man im Engels-Haus großen Wert, denn Friedrichs Großvater hatte bei der Gründung der Unterbarmer Kirchengemeinde mitgewirkt und sein Vater hat den Bau der Unterbarmer Hauptkirche bezahlt. Seine Eltern waren ebenfalls gläubig und der Vater erzog die Kinderschar mit strenger Hand, wie es damals üblich war. Aber die Engels liebten auch Musik und spielten verschiedene Instrumente. Abends wurde oft gemeinsam mit den Kindern musiziert.

Wo Friedrichs Vater Baumwolle spinnen ließ

1837 gründete Friedrich Engels senior mit zwei Geschäftspartnern in der englischen Industriestadt Manchester die Flachsbleicherei und Baumwollspinnerei Ermen & Engels. In diesem Jahr musste der junge Friedrich das Gymnasium ohne Abschluss verlassen, obwohl er inzwischen ein fleißiger Schüler war und gerne lernte. Aber weil der Vater seinen ältesten Sohn schnellstmöglich zum Kaufmann ausbilden lassen wollte, schickte er ihn als Lehrling nach Bremen. 1838 nahm Friedrich Engels senior seinen Sohn mit nach England, um ihm die Baumwollspinnerei zu zeigen. Die Not der Arbeiter in Manchester blieb dem jungen Friedrich zeit seines Lebens in schlimmer Erinnerung. Er begann darüber nachzudenken, dass die Arbeiter sich gegen solche Arbeitsbedingungen wehren sollten.

Eine typische Baumwollspinnerei in Manchester

Friedrich Engels

Karl Marx

Welche Freundschaft das Leben von Friedrich Engels beeinflusste

Kurz bevor Friedrich 1842 seine Ausbildung zum Kaufmann abschloss, traf er zum ersten Mal Karl Marx. Aus dieser Begegnung entstand eine lebenslange Verbundenheit. Karl Marx schrieb seine Ansichten zur Wirtschaft, zur Bedeutung des Geldes und der Arbeit nieder. Friedrich unterstützte seinen Freund dabei und half ihm auch immer wieder mit Geld aus. Als Kaufmann und Fabrikant verdiente Engels nämlich gut, während Marx ständig knapp bei Kasse war. Die Anhänger von Marx und Engels nannten sich *Kommunisten*.

Wie Friedrich Engels die Lage der Fabrikarbeiter ändern wollte

Friedrich Engels schaute sich die Arbeiterviertel in verschiedenen englischen Fabrikstädten genau an. In den engen, überfüllten Gassen herrschten schlimme Zustände: Armut, Hunger und Wohnungsnot. Es gab keine Kanalisation und keine Wasserversorgung, Krankheiten breiteten sich schnell aus. Viele Arbeiter ohne eigene Wohnung waren auf sogenannte Logierhäuser angewiesen, wo bis zu 20 Männer, Frauen und Kinder in engen Räumen auf dem Fußboden schliefen. Die Arbeiter trugen zerlumpte Kleidung, kaum jemand konnte sich Schuhe leisten. Friedrich Engels rief darum dazu auf, sich gegen diese Zustände zu wehren. Arbeiter sollten sich organisieren; sie sollten protestieren, streiken und für ihre Rechte kämpfen.

Was in Wuppertal sonst noch an Friedrich Engels erinnert

Die Friedrich-Engels-Allee verbindet Elberfeld und Barmen. Direkt an der Allee befindet sich der Engelsgarten. In diesem kleinen Stadtpark erstrahlt das anlässlich des 200. Geburtstags von Friedrich Engels renovierte Engels-Haus seit 2021 in neuem Glanz. Es wurde 1775 von Friedrichs Großvater errichtet und ist heute eine Gedenkstätte, die mit einer Dauerausstellung Einblicke in Leben und Werk des berühmten Wuppertalers gibt. Nicht alle Wohnhäuser der Familie Engels haben die Jahrhunderte überdauert. 1842 musste das älteste Gebäude dem Eisenbahnbau weichen. An den Standort des Geburtshauses, das im Krieg zerstört wurde, erinnert ein Gedenkstein. Auch im *Museum für Frühindustrialisierung* dreht sich vieles um Friedrich Engels und seine Familie. Das Museum ist in einer ehemaligen Bandfabrik untergebracht und gehört mit dem Engels-Haus zum *Museum Industriekultur.*

Und heute?

Von China nach Wuppertal

Überall auf der Welt, wo Staaten Volksrepublik heißen, haben Marx und Engels eine besondere politische Bedeutung. In Europa galt das nach dem Zweiten Weltkrieg vor allem für die ehemalige Sowjetunion, die sich 1991 auflöste. In der Volksrepublik China regiert die Kommunistische Partei. Friedrich Engels wird in China als **Mitbegründer des Kommunismus** heute noch so bewundert, dass mehr als 100 Jahre nach seinem Tod ein Geschenk aus China nach Wuppertal reiste. Die Statue wurde 2014 im Engelsgarten aufgestellt und zeigt einen nachdenklichen Engels mit seinem typischen Bart. Schon seit 1981 ist im Engelsgarten das Engels-Denkmal zu besichtigen, eine Skulptur mit dem Namen „Die starke Linke“.

Warum die Dampfmaschine zwei Erfinder hat

Ohne Dampfmaschinen wäre das Wachstum der Industrie nicht möglich gewesen. Schon 1712 hatte der Engländer Thomas Newcomen eine Dampfmaschine erfunden. Sie diente dazu, Wasser aus Kohlebergwerken zu pumpen. Aber um den Dampfkessel der Maschine aufzuheizen, wurde viel Kohle als Brennstoff verbraucht. Das war ein Nachteil, denn Kohle war wertvoll und teuer. Als der schottische Mechaniker James Watt eine von diesen Maschinen reparieren sollte, kam ihm 1769 die Idee für eine neue Dampfmaschine. Seine Erfindung arbeitete viel sparsamer und brachte mehr Leistung. Er verbesserte sie noch mehrmals und verglich ihre Stärke mit der Leistung von Pferden. So entstand die heute noch bekannte Maßeinheit *Pferdestärke* (PS). Außerdem ermöglichte eine Kurbel bei der *Wattschen Dampfmaschine* Drehbewegungen. So konnten nun auch Spinn- und Webmaschinen angetrieben werden.

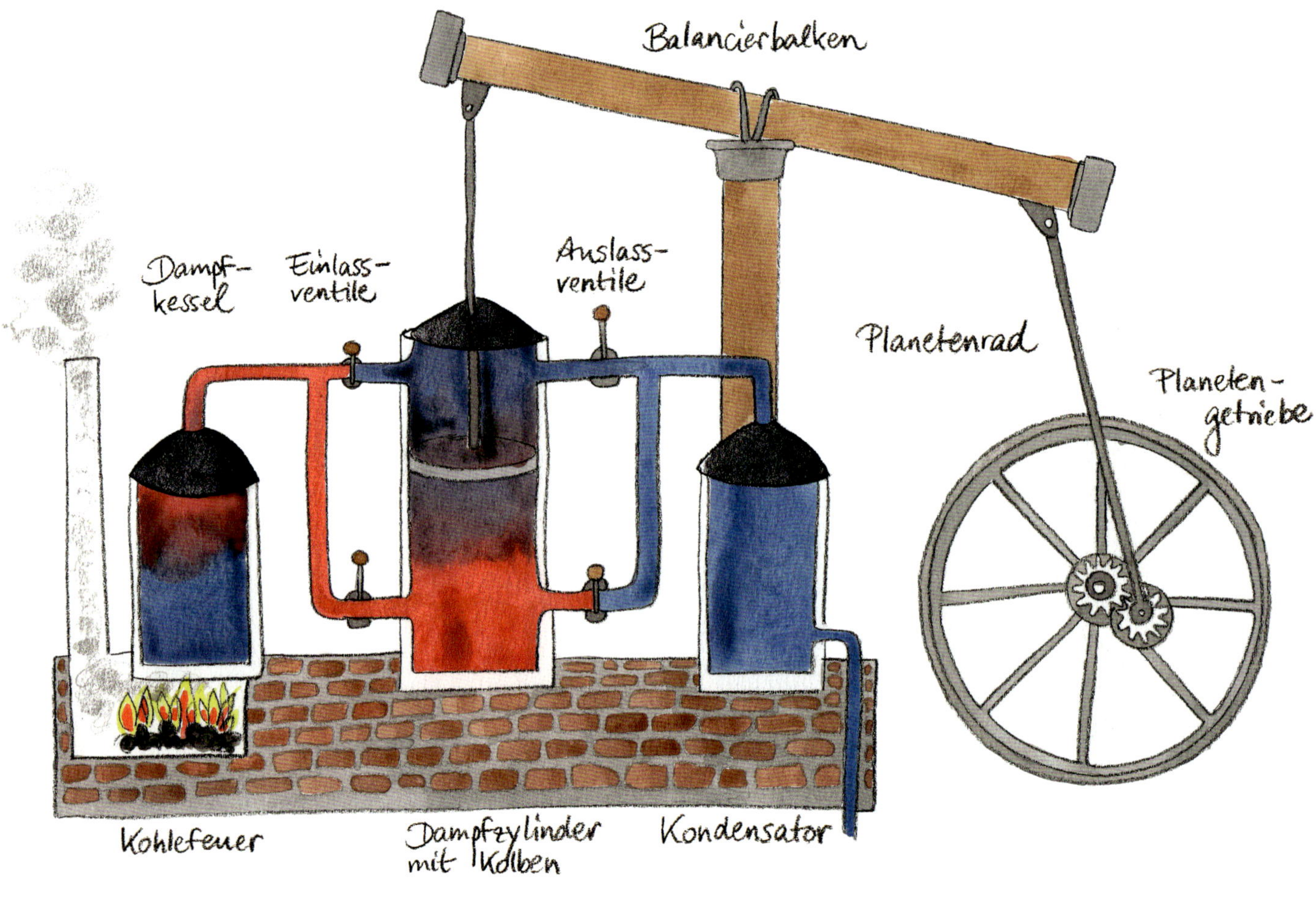

Armenviertel „Die alte Fuhr" 1860

Was die wachsende Industrie sonst noch antrieb

Ende des 19. Jahrhunderts wurde die Industrie immer wichtiger für die Wirtschaft und die Hochindustrialisierung begann. Im Wuppertal hatte diese Entwicklung schon eingesetzt, als 1841 eine Eisenbahnlinie durchs Tal führte und den Transport beschleunigte. Eisenbahn und Industrie trieben sich so gegenseitig an. Nach der Gründung der ersten Elektrizitätswerke begann der Ausbau der Stromversorgung. Ab 1880 machten Elektromotoren den Dampfmaschinen Konkurrenz: Ein neues Industriezeitalter begann. Ohne Wissensdurst, Vorstellungskraft und Forscherdrang der Menschen wären all diese Entwicklungen nicht möglich gewesen. Doch nur den reicheren Bürgern stand damals der Zugang zu höherer Schulbildung und den Wissenschaften offen.

Weshalb es in den Industriestädten so viel Armut gab

Die Fabrikbesitzer verdienten gut mit den neuen Maschinen. Textilien konnten viel schneller und sehr billig produziert werden, denn die Arbeitslöhne waren niedrig. Trotz der schlechten Bezahlung und der harten Fabrikarbeit zog die Landbevölkerung ins Wuppertal, weil es auf dem Land nicht genug Arbeit für alle gab. In der Stadt fanden die Zugezogenen keine Wohnungen mehr, weswegen eigene Wohnquartiere für die Fabrikarbeiter gebaut werden mussten. Die Unterkünfte entstanden möglichst nah am Ufer der Wupper. Viel zu viele Menschen lebten dort auf engstem Raum, Hunger und Krankheiten bestimmten den Alltag in diesen Elendsvierteln. Neue Bauvereine errichteten ganze Stadtviertel, in denen die Familien auch kleine Gärten hatten. Diese Stadtviertel kannst du dir teilweise heute noch ansehen.

Zeichnung des Armenpflege-Denkmals (geschaffen von Wilhelm Torborg)

Was für die ärmsten Menschen getan wurde

Als die Not der zugewanderten Menschen in Barmen und Elberfeld Mitte des 19. Jahrhunderts immer größer wurde, reichte die bisherige Armenverwaltung nicht mehr aus. Darum entwickelte der Bankier *Daniel von der Heydt* gemeinsam mit den Fabrikanten Gustav Schlieper und David Peters das *Elberfelder System*. Neu daran war, dass freiwillige Armenpfleger sich in mehreren Bezirken um die Bedürftigen kümmerten und dass auch Frauen Armenpflegerinnen werden durften. Sonst waren Frauen zu dieser Zeit von vielen Ämtern ausgeschlossen. Wer Unterstützung von den Armenpflegern erhielt, sollte aber auch guten Willen zeigen, seine Notlage zu verbessern. Man musste sich verpflichten, jede Arbeit anzunehmen und z. B. keinen Alkohol zu kaufen. Alle zwei Wochen musste darum die Hilfe neu bewilligt werden. An die Begründer des Elberfelder Systems erinnert das historische *Armenpflegedenkmal* an der Alten reformierten Kirche (*Citykirche Elberfeld*).

Die Zuwanderer

*Zu Beginn der Industrialisierung zogen vor allem Menschen aus den **Nachbarstädten** nach Barmen und Elberfeld. Viele hatten zuvor in **Schwelm, Radevormwald, Wülfrath, Haan, Mettman** oder **Neviges** gewohnt. Doch schon bald reisten Arbeiter mit ihren Familien auch von weit her an und ließen sich an der Wupper nieder. So brachten es Barmen und Elberfeld im Jahr **1852** auf die damals in Deutschland sechsthöchste **Einwohnerzahl von 80.000 Menschen**. Zum Vergleich: **Düsseldorf** zählte im selben Jahr nur knapp 29.000 Einwohner. In **Köln** allerdings wurde schon die Marke von 100.000 überschritten und in **Berlin** lebten fast 439.000 Menschen.*

Wer sich für bessere Arbeitsbedingungen einsetzte

Auf Dauer half es aber nichts, die Armen mit Nahrung zu versorgen, denn damit war die Ursache für deren Not nicht aus der Welt geschafft. Zwar gab es Forderungen nach mehr Lohn, doch erste Aufstände und Proteste brachten wenig. Mitte des 19. Jahrhunderts bildeten sich Arbeitervereine, welche die bestehenden Verhältnisse ändern wollten. Später schlossen sich Gruppen von Textil- und Metallarbeitern zu ersten Gewerkschaften zusammen. Sie forderten bessere Arbeitsbedingungen und mehr Lohn für die Männer und Frauen, die in den Fabriken schufteten und keinerlei Rechte besaßen. Außerdem setzten sie sich auch dafür ein, Kinderarbeit abzuschaffen und die Schulbildung zu verbessern. Mit vereinten Kräften gelang es den Arbeitern, viele Forderungen durchzusetzen. Aber auch einige Fabrikanten selbst setzten sich für bessere Arbeitsbedingungen ein. In 250 Wohnungen in Barmen standen Webstühle, die dem preußischen Fabrikanten und Kaufmann *Johannes Schuchard* gehörten. Dort arbeiteten ganze Familien für ihn. Er sah die Armut und die Not und gründete eine Fabrik-Krankenkasse. Später schaffte er es, dass in Preußen ein Gesetz verabschiedet wurde: Kinder durften erst ab einem bestimmten Alter und nicht mehr so lange in der Fabrik arbeiten. Außerdem setzte er sich für die Abschaffung des Trucksystems ein. Das war ein großer Fortschritt!

Arbeitersportverein

Welche frühen Industriezweige es im Wuppertal gab

Im Tal gab es vor allem Baumwollspinnereien, Webereibetriebe und Färbereien, auf den Hügeln die Eisen- und die Werkzeugindustrie. 1863 begann die Farbenfabrik Friedr. Bayer in Heckinghausen mit der Produktion chemischer Farben. Das Unternehmen zog drei Jahre später auf ein größeres Gelände nach Elberfeld um. So entstand die heutige *Bayer AG*. Zur Stahlerzeugung und für andere Industriezweige wurden Kalk und Kalkstein als Grundstoff benötigt. Darum waren auch der *Kalktrichterofen Eskesberg* und die umliegende Kalkindustrie wichtig für die industrielle Entwicklung der Region.

Wie sich die Textilindustrie weiterentwickelte

Um 1875 gab es in der Wuppertaler Textilindustrie mehr als 400 Dampfmaschinen. Manche kleinere Betriebe nutzen nun auch schon den von Nicolaus August Otto entwickelten Gasmotor zur Energieerzeugung. Nachdem Carl und Adolf Vorwerk die ersten dampfbetriebenen vollmechanischen Bandstühle konstruiert hatten, modernisierten sie mit der *Barmer Teppichfabrik Vorwerk & Co.* die Teppichweberei. Ende des 19. Jahrhunderts wurde die Kunstseide erfunden: Die Elberfelder *Glanzstoffwerke* waren lange Jahre die weltweit größten Hersteller von Kunstseide und anderen modernen Chemiefasern. Eine weltweit bekannte Textiladresse war die *Hofaue* in Elberfeld mit den Fabrikgebäuden der *von Baum Kommandit-Gesellschaft*. Die Baumsche Fabrik steht heute unter Denkmalschutz. Auch der Reißverschluss ist eine Erfindung aus dem Wuppertal: Othmar Winterhalter entwickelte den Reißverschluss mit Rippen und Rillen, der in Wichlinghausen in der *RiRi-Fabrik* hergestellt wurde.

Werbung aus den 30er-Jahren für das Staubsaugermodell „Kobold“ der Firma Vorwerk

Und heute?

Was ist geblieben von der einst blühenden Textilindustrie an der Wupper? Heute macht sie nur noch vier Prozent am Industrieumsatz Wuppertals aus. Führend sind nun die Industriezweige Chemie, Maschinenbau und Elektrotechnik. Wuppertaler Traditionsunternehmen sind **Bayer** und **Vorwerk**, deren Namen und Bedeutung du schon kennst. Bei Vorwerk erfand und produzierte man später auch Staubsauger, zum Beispiel den berühmten **Kobold**, und Elektrogeräte für die Küche. Weltbekannt ist auch die Tapetenfirma **Erfurt & Sohn** durch ihre **„Rauhfaser-Tapete"**, die sie 1864 entwickelte. Für die Cronenberger Werkzeugindustrie stehen heute noch Namen wie **Knipex**, **Picard** und **Stahlwille**.

Seit den 1950er-Jahren verlor die Textilindustrie nicht nur in Wuppertal, sondern in ganz Deutschland an Bedeutung. Importe aus dem Ausland waren nun billiger. Weil die Löhne in Asien viel niedriger sind als bei uns, lassen die meisten Textilunternehmen dort produzieren. Textilien und Bekleidung werden heute überwiegend in China und Bangladesch hergestellt.

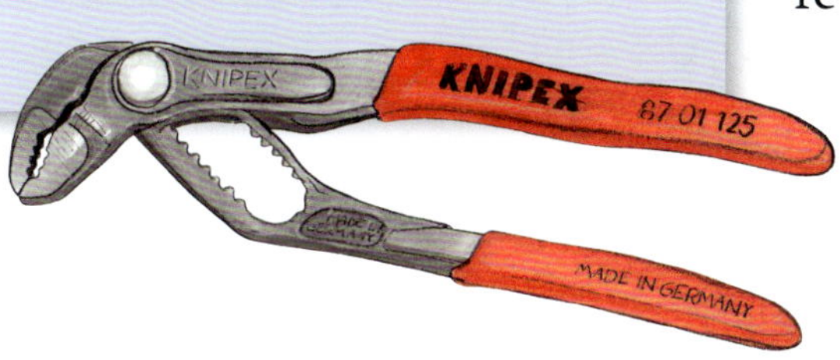

Die weltweiten Folgen der Industrialisierung

Heute gibt es auf der Welt Industrieländer und Entwicklungsländer. Deutschland gehört zu den Industriegesellschaften, in denen fast alle Menschen eine Wohnung, Kleidung und genug zu essen haben. Das heißt, die Grundbedürfnisse der meisten Menschen in Deutschland sind erfüllt. Andere Wünsche sind hinzugekommen – und wer genug Geld hat, kann sie sich auch erfüllen. Autos, Waschmaschinen, Fernseher, Computer und Urlaubsreisen gehören in Industrieländern fast selbstverständlich zum Leben dazu. Die Kinder in den Entwicklungsländern denken nicht über ein Smartphone oder ein neues Computerspiel nach. Viele wünschen sich das, was für die meisten Kinder in Deutschland selbstverständlich ist: ein Dach über dem Kopf, ein Paar Schuhe und eine leckere Mahlzeit, die richtig satt macht.

Vom Industriezeitalter zum Informationszeitalter

Die Industrielle Revolution ist schon ein Stück Vergangenheit, obwohl die Industrie natürlich immer noch wichtig ist. Ebenso bedeutsam sind im 21. Jahrhundert aber schnell verfügbare Informationen. Du wächst im Informationszeitalter auf, in dem elektronisch übermittelte Daten und Wissen so wertvoll sein können wie Waren und Rohstoffe. Die Welt ist über diesen sekundenschnellen Austausch der Informationen durch das Internet miteinander verbunden.

Aufbruch in ein neues Jahrhundert

Vom Kaiserbesuch, einer Namenssuche und dem Wachsen zur Großstadt

1899 wurde über Nacht zu 1900 und dadurch änderte sich eigentlich nur die Jahreszahl. Nach diesem Jahreswechsel nannte man es auch das 20. Jahrhundert, so wie du dich nach deinem neunten Geburtstag bereits im zehnten Lebensjahr befindest. Solche Jahrhundertwenden sind immer etwas Besonderes. Die vergangenen 100 Jahre brachten technischen Fortschritt, aber auch Kriege und andere Nöte. Mit einem neuen Jahrhundert wollte jeder neu anfangen und der Wandel war überall spürbar. Die Vereinigung der Städte Barmen und Elberfeld zu einer Großstadt fiel ebenso ins 20. Jahrhundert wie erste Supermärkte und zwei große Kriege, in die viele Länder verwickelt waren. Darum wurden sie auch Weltkriege genannt. Im Oktober des Jahres 1900 kam mit dem Kaiserpaar besonderer Besuch ins Tal der Wupper. Einer der Gründe hierfür war die Einweihung der Ruhmeshalle in Barmen, die kurz vor der Jahrhundertwende erbaut wurde.

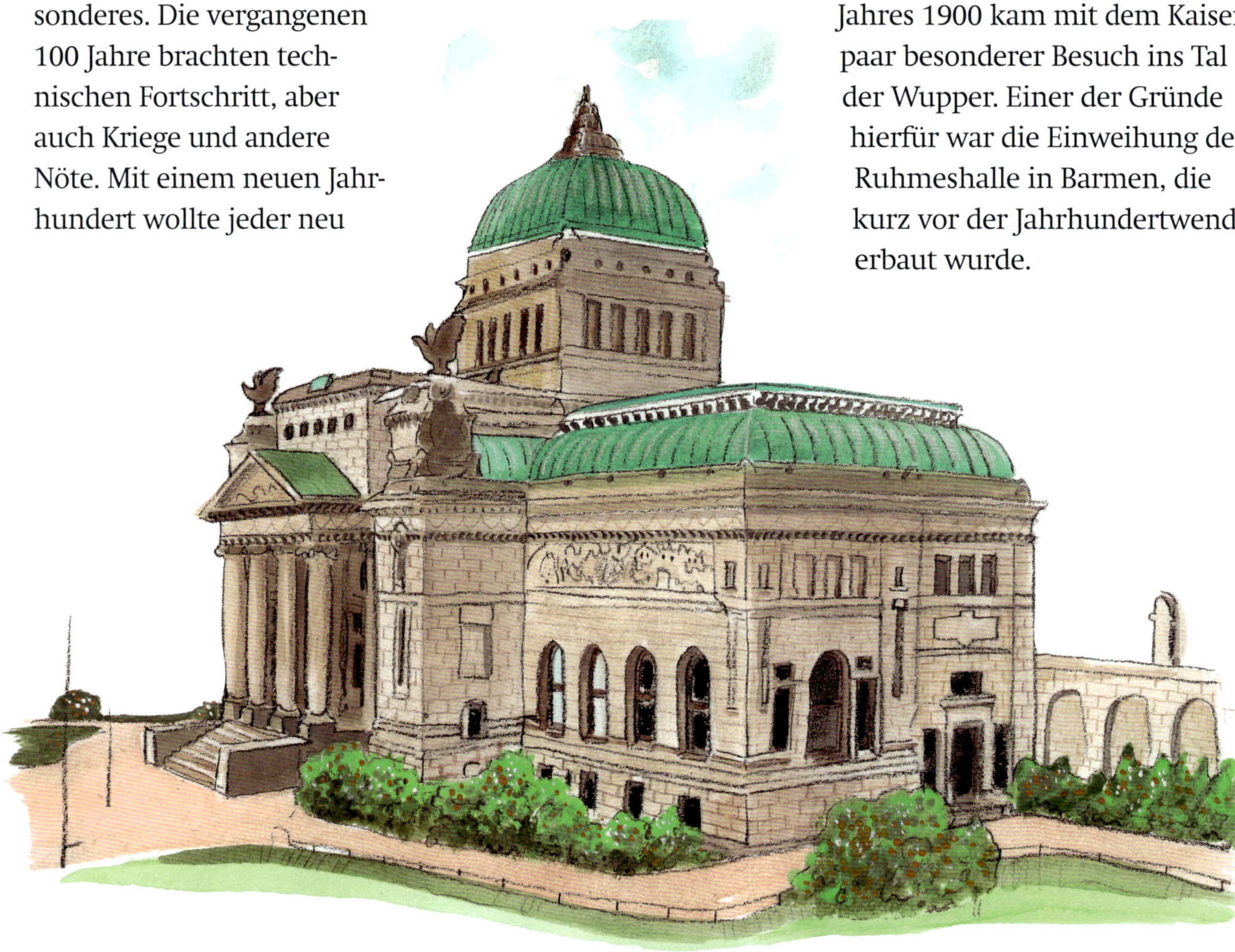

Kaiser Wilhelm I.

Wen die Barmer Ruhmeshalle rühmte

Viele Kaiser hat es im Laufe der Geschichte gegeben und manche von ihnen regierten ihr Land und ihre Untertanen besonders gut. Als 1888 Kaiser Wilhelm I. starb, trauerte die Bevölkerung sehr, denn mit ihm verloren sie einen aufrichtig geliebten Herrscher. Um ihn zu ehren, entschieden sich die Barmer, eine Ruhmeshalle errichten zu lassen. Glücklicherweise hatten die Mitglieder des Barmer Kunstvereins damals bereits viel Geld gesammelt, um eine Kunsthalle bauen zu können. Sie boten an, diese Summe für den Bau der Ruhmeshalle beizusteuern, solange es dort nur genügend Platz für ihre Kunstsammlung geben würde. Das war kein Problem und so konnten die Planungen beginnen. Viele Architekten schickten ihre Entwürfe und die Wahl fiel sicher nicht leicht. Schließlich entschied man sich für einen Entwurf, der als Vorbild das Gebäude des Deutschen Reichstags in Berlin genommen hatte, und so bekam Barmen seinen eigenen „Kleinen Reichstag“. Drei Statuen zierten die Eingangshalle: Kaiser Wilhelm I., Kaiser Friedrich III. und Kaiser Wilhelm II., dessen Statue erst nachträglich 1902 aufgestellt wurde. Platz fand hier auch eine Ausstellung des am 13. Juni 1863 gegründeten Bergischen Geschichtsvereins.

Und heute?

Nicht nur für Leseratten

Das Gebäude wurde im Zweiten Weltkrieg stark beschädigt und brannte aus. Auch die kaiserlichen Statuen gibt es heute nicht mehr. Dennoch schaffte man es, ein Kunst- und Bildungszentrum aus den Trümmern zu errichten. Noch immer werden hier Kunstausstellungen gezeigt, die das **Von der Heydt-Museum** organisiert. Aber hauptsächlich ist es seit 1958 ein Haus für die Jugend oder ein Haus für Jugendveranstaltungen, was auch der heutige Name der ehemaligen Ruhmeshalle zeigt: **Haus der Jugend**. Hier ist nach wie vor die **Stadtteilbibliothek** mit Lesesaal untergebracht und es gibt darüber hinaus viele Aufführungen sowie einen regelmäßig stattfindenden Kinderflohmarkt. Das Musikangebot ist reichhaltig und seit 1994 gibt es den **Live-Club-Barmen (LCB)**, den man durch einen Seiteneingang betritt. Schau dir das Programm ruhig einmal näher an, es lohnt sich.

Ein kaiserlicher Auftrag

Die Schlafenszeit kam immer zu früh, wenn Ingrid und Gerd bei den Großeltern übernachteten. Erst waren sie mit der Barmer Bergbahn zum Park gefahren. Von da aus ging es nach Elberfeld, zur Einweihung des Glockenspiels bei Abeler. Jeder war beeindruckt vom Klang der 12 Glocken. Noch daheim berichtete Opa Paul von seinem Jugendfreund Georg Abeler, der stets von einem solchen Glockenspiel geschwärmt hatte. Das war das Stichwort für Gerd, um das Zubettgehen hinauszuzögern: „Bitte, Opa, erzähl uns doch noch einmal von damals, als du das Kaiserpaar kutschiert hast, ja?“ Oma Ida griff seufzend nach ihren Stickrahmen. Das konnte ein langer Abend werden. Wenn Paul einmal anfing, hörte er so schnell nicht mehr auf.

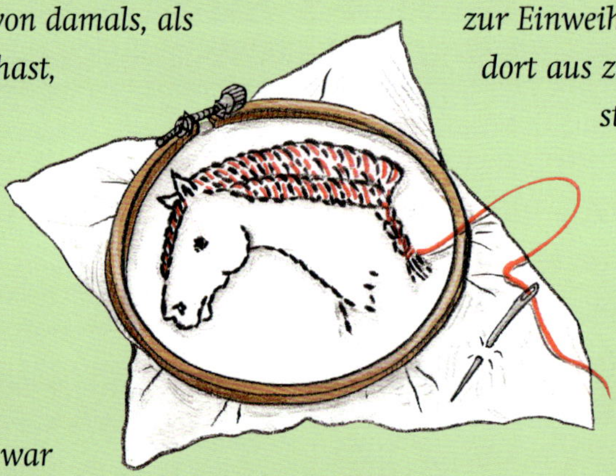

„Kinder, der 24. Oktober 1900 war ein unglaublich aufregender Tag! Die Vorbereitungen liefen seit Wochen, der rote Teppich verlief schnurgerade von der obersten Treppe der Ruhmeshalle bis hinunter auf den Vorplatz und das gesamte Volk war auf den Beinen. Als ich zum Stall kam, traf es mich wie ein Schlag. Von meinen ausgesuchten Pferden war eines über Nacht erkrankt und so musste ich auf den nicht ganz so ruhigen Schimmel setzen. Bei dem aber würde man die hellen Bänder, mit denen die schwarzen Hengste geschmückt werden sollten, gar nicht sehen! Ich hatte nur wenig Zeit, um diesen Schlamassel auszubügeln. Aber ihr kennt ja euren Opa! Ich lasse mich doch nicht unterkriegen, oder?“ Er zwinkerte ihnen zu und sie schüttelten die Köpfe. „Schwarzes Band war rasch besorgt und der Stallbursche flocht es in die Mähne des weißen Pferdes. Mir fielen unterdessen die Worte meines Lehrmeisters ein: Wenn du Angst hast, schenk ihr keine Beachtung. Das Pferd wird dann auch keine Angst spüren und einfach seine Arbeit tun. Als ich wenig später den Kutschbock bestieg, waren beide Tiere die Ruhe selbst. So fuhr ich Kaiser Wilhelm II. und Auguste Viktoria zur Einweihung der Ruhmeshalle und von dort aus zum Elberfelder Rathaus. Und stellt euch vor, was der Kaiser gesagt hat, als wir uns Elberfeld näherten: „Aujuste, setz’ den Hut auf, wir kommen in die Stadt!“ Zum Glück hörte das die Menge nicht, die uns entlang der gesamten Strecke bejubelte und ich war sehr stolz auf meinen Schimmel, der sich so wacker hielt. Danach ging es noch um die Ecke zum Döppersberg, wo die Schwebebahn auf ihre kaiserlichen Fahrgäste wartete.“ Hier unterbrach die Oma und legte energisch den Stickrahmen beiseite: „Nun denn, Kinder, es ist an der Zeit, schlafen zu gehen.“ Aber als Ingrid und Gerd in ihren Betten lagen, war an Schlaf nicht sofort zu denken. Heimlich tuschelten sie noch lange darüber, wie gerne sie damals beim Kaiserbesuch dabei gewesen wären.

Wie es vor dem Ersten Weltkrieg in Europa aussah

Die großen Länder Europas wetteiferten schon lange um Stärke und Macht. Jedes wollte möglichst viel Land besitzen. Der deutsche Kaiser Wilhelm II. wollte zudem die Briten als führende Seemacht ablösen und rüstete seine Kriegsflotte auf. Um mehr Einfluss zu haben und sich zu schützen, vereinbarten die Länder untereinander Bündnisse. Großbritannien, Frankreich und Russland schlossen gegenseitig Abkommen und das Deutsche Reich verband sich mit Österreich-Ungarn.

Welches Ereignis das Pulverfass zum Explodieren brachte

In diese schon sehr angespannte Lage Europas platzte ein Ereignis, das den Ersten Weltkrieg auslöste. Der österreichisch-ungarische Thronfolger Franz Ferdinand und seine Frau wurden am 28. Juni 1914 bei einem Besuch in Sarajewo von einem serbischen Studenten ermordet. Kurze Zeit danach erklärte Österreich-Ungarn Serbien den Krieg und sicherte sich dabei die militärische Unterstützung des Deutschen Reiches. Serbien suchte die Hilfe Russlands und hatte somit auch Frankreich als Bündnispartner gewonnen. Deutschland erklärte Frankreich und Russland den Krieg und das neutrale Land Belgien wurde von den deutschen Truppen besetzt, um nach Frankreich vorzurücken. Dies war das Signal für die mit Belgien verbündeten Staaten: Sie erklärten nun Deutschland den Krieg. Eine Flut von Kettenreaktionen führte dazu, dass bis zum Kriegsende 1918 mehr als 25 Staaten mit ihren Kolonien darin verwickelt waren.

Warum so viele Menschen freiwillig in den Krieg ziehen wollten

Die Menschen im Wuppertal und im ganzen Reich waren im Kriegstaumel. Freiwillige meldeten sich in Scharen und waren stolz darauf, für ihr Vaterland kämpfen zu dürfen. Vor allem die Jugend war vom anstehenden Krieg begeistert. Dafür war auch die Erziehung der Jungen verantwortlich, denn Spielzeugsäbel und Zinnsoldaten gehörten zu den beliebtesten Spielzeugen. Mit der preußischen Pickelhaube auf dem Kopf ließen sie sich in Siegerpose ablichten. Das Innenministerium gab ein Buch mit dem Titel „Wir spielen Krieg“ heraus und in den Rechenbüchern wurde die Reichweite von Geschützen ermittelt.

Wie sich das Kriegsgeschrei in Wehklagen verwandelte

Die Schrecken dieses Krieges waren mit keinen anderen zuvor zu vergleichen. Erstmals wurden verstärkt Flugzeuge, zunächst zu Erkundungsflügen, aber auch zum Bombenabwurf und später für Giftgasangriffe eingesetzt. Hunderttausende Soldaten kamen in ihren Schützengräben qualvoll ums Leben und einige Städte wurden verwüstet. Die Bevölkerung hungerte und die Kriegslust wich dem Wunsch nach Frieden. Am 9. November 1918 war es dann soweit: Philipp Scheidemann verkündete die Abdankung des Kaisers Wilhelm II. und damit auch das Ende der Monarchie. Es kam zum Waffenstillstand und der Krieg war zwar aus Sicht des Deutschen Reiches verloren, aber endlich vorbei. Anfang 1919 begann ein neuer Zeitabschnitt in der deutschen Geschichte.
Der Sozialdemokrat Friedrich Ebert wurde zum Reichskanzler gewählt und aus dem Deutschen Reich wurde eine Demokratie, die *Weimarer Republik.*

Gedenktafeln für die Opfer der Kriege auf dem Barmer Ehrenfriedhof

Wann die Stadt Wuppertal gegründet wurde

Nach dem Krieg fanden die Menschen im Wuppertal allmählich zum Alltag zurück. Die Wirtschaft kam wieder in Schwung und Barmen brauchte mehr Industrieflächen. 1922 wurden die benachbarten westfälischen Gemeinden Langerfeld und Nächstebreck dem rheinischen Barmen zugeteilt. Ein paar Jahre später beschloss die preußische Regierung, die Provinzen Rheinland und Westfalen ganz neu zu ordnen. In diesem Zusammenhang wurde entschieden, ab dem 1. August 1929 Barmen und Elberfeld mit Beyenburg, Cronenberg, Ronsdorf und Vohwinkel zu einer Großstadt zu vereinen. Die neue Stadt hieß zunächst Barmen-Elberfeld, erst am 25. Januar 1930 stand der endgültige Name fest: Wuppertal. Da das Barmer Rathaus größer war als das Elberfelder Rathaus, wurde es nach der Stadtgründung zum amtlichen Rathaus der Stadt Wuppertal. Noch heute sitzen hier der Oberbürgermeister, der Stadtrat und die Stadtverwaltung. 1970 kamen Teile der Gemeindegebiete Haßlinghausen und Linderhausen hinzu. Nach der Gebietserweiterung im Jahr 1975 gehörten schließlich auch Dönberg, Schöller und Dornap zu Wuppertal.

Warum fast niemand Wuppertaler werden wollte

Schon im 19. Jahrhundert hatte es Pläne gegeben, die Städte Elberfeld und Barmen zu vereinen. Schließlich gingen sie so nahtlos ineinander über, dass sie manchen Politikern längst wie eine Stadt und nicht wie zwei Wupperstädte erschienen. Die Einwohner Barmens und Elberfelds sahen das aber ganz anders. Die Elberfelder wollten nicht mit den „armen" Barmern vereint werden. Und ebenso wenig Lust hatten die Barmer darauf, sich von den „reichen" Elberfeldern in Besitz nehmen zu lassen. Wachsen wollten beide Städte, aber nicht etwa durch einen Zusammenschluss. Barmen und Elberfeld hatten die Idee, ihre jeweiligen Nachbargemeinden sollten sich ihnen anschließen. Diese wollten aber lieber eigenständig bleiben. Nur Vohwinkel war freiwillig bereit, zu Elberfeld zu gehören.

Welche Namen Wuppertal erspart blieben
Der Name Wuppertal stand nicht von Anfang an fest, sondern es wurde abgestimmt, wie die neue Großstadt heißen sollte. Fast ein halbes Jahr lang sammelten die Stadtverordneten verschiedene Namen. Für einen der Vorschläge mussten sie sich entscheiden und ihre Wahl dem preußischen Staatsministerium zur Genehmigung vorlegen. Auf der Vorschlags-liste standen zum Beispiel Barmen-Elberfeld, Elberfeld-Barmen und Barmen-Elberfeld-Vohwinkel. Weitere Ideen lauteten Wupperstadt, Barmenelb und Elbbarmen. Es sollen sogar die Bezeichnungen Großwupp, Talberg, Wupperhausen und Hungerstadt zur Wahl gestanden haben. Sie alle wurden abgelehnt und deine Stadt heißt Wuppertal, weil dieser Name die Mehrheit aller Stimmen erhielt. Puh, da haben wir aber noch mal Glück gehabt!

Und heute?

Zu Wuppertal gehören zehn Stadtbezirke:

Elberfeld, Elberfeld West, Uellendahl-Katernberg, Vohwinkel, Cronenberg, Barmen, Oberbarmen, Heckinghausen, Langerfeld-Beyenburg und Ronsdorf. Jeder **Stadtbezirk** ist noch einmal in mehrere **Stadtviertel (Quartiere)** eingeteilt. Damit du dir das besser vorstellen kannst, schau dir die Karte auf der nächsten Seite doch mal genau an. Suche zuerst deinen Stadtbezirk. Wenn du ihn gefunden hast, entdeckst du auch das „Viertel“, in dem du wohnst. Wenn du Verwandte oder Freunde hast, die in einem anderen Stadtbezirk Wuppertals wohnen, frag sie doch einmal, wie ihr Viertel heißt. Auf dem Plan kannst du mit etwas Übung alles ganz schnell finden.

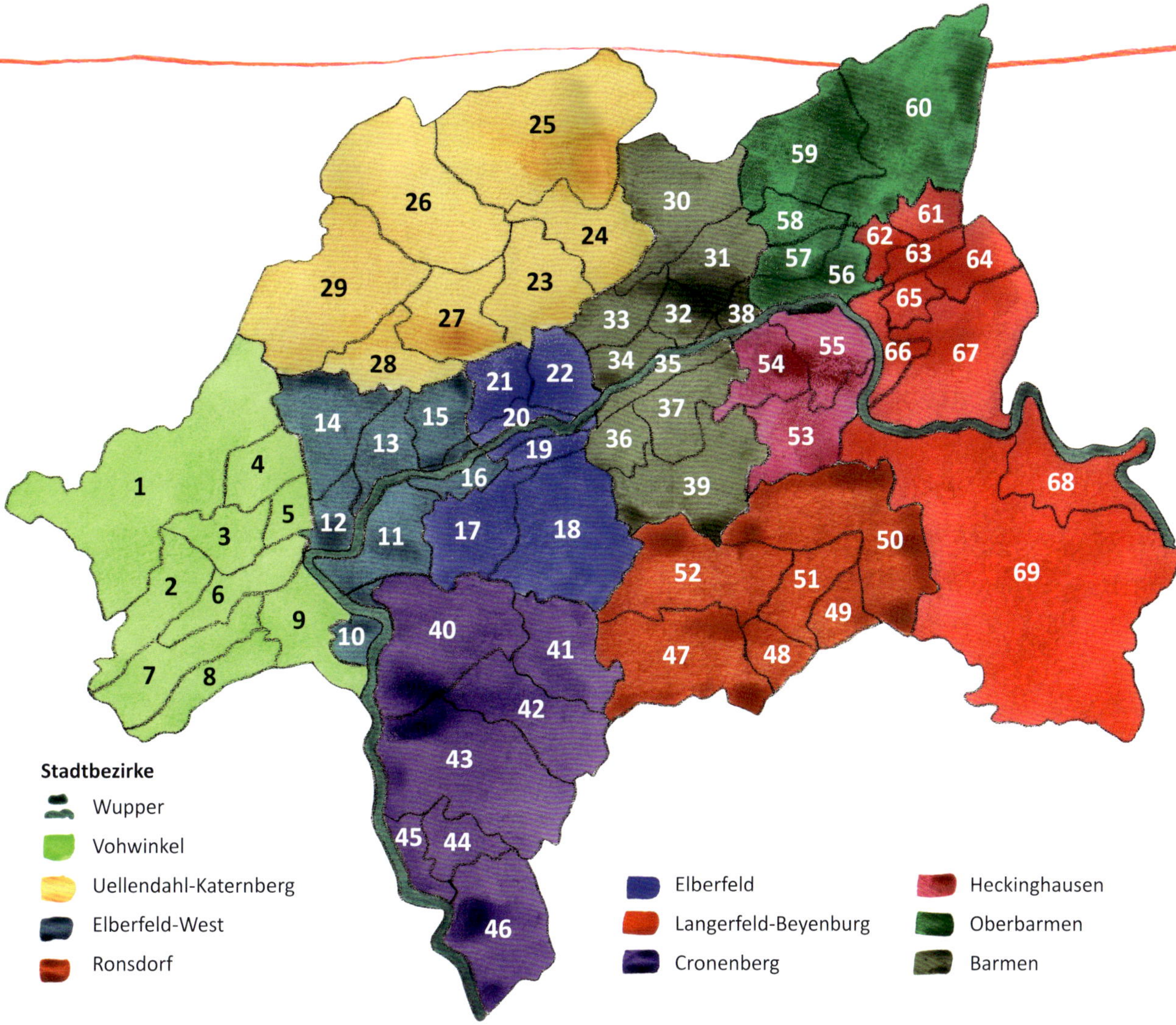

Stadtviertel (Quartiere)

1 Schöller-Dornap
2 Osterholz
3 Tesche
4 Lüntenbeck
5 Industriestraße
6 Vohwinkel-Mitte
7 Westring
8 Höhe
9 Schrödersbusch
10 Buchenhofen
11 Zoo
12 Sonnborn
13 Nützenberg
14 Varresbeck
15 Brill
16 Arrenberg
17 Friedrichsberg
18 Grifflenberg
19 Südstadt
20 Elberfeld-Mitte
21 Nordstadt
22 Ostersbaum
23 Uellendahl-West
24 Uellendahl-Ost
25 Dönberg
26 Siebeneick
27 Nevigeser Straße
28 Beek
29 Eckbusch
30 Hatzfeld
31 Sedansberg
32 Rott
33 Clausen
34 Loh
35 Friedrich-Engels-Allee
36 Hesselnberg
37 Kothen
38 Barmen-Mitte
39 Lichtenplatz
40 Küllenhahn
41 Hahnerberg
42 Cronenfeld
43 Cronenberg-Mitte
44 Berghausen
45 Kohlfurth
46 Sudberg
47 Blutfinke
48 Schenkstraße
49 Rehsiepen
50 Erbschlö-Linde
51 Blombach-Lohsiepen
52 Ronsdorf-Mitte/Nord
53 Hammesberg
54 Heidt
55 Heckinghausen
56 Oberbarmen-Schwarzbach
57 Wichlinghausen-Süd
58 Wichlinghausen-Nord
59 Nächstebreck-West
60 Nächstebreck-Ost
61 Löhrerlen
62 Hilgershöhe
63 Jesinghauser Straße
64 Fleute
65 Langerfeld-Mitte
66 Rauental
67 Ehrenberg
68 Beyenburg-Mitte
69 Herbringhausen

Wie aus vielen Krämern wenige Konsumläden wurden

Alles, was zum täglichen Bedarf gehörte, bekam man beim Krämer. Das war ein Händler, der einen Kramladen besaß und auch Märkte aufsuchte, um seine Waren dort anzubieten. Er hatte vor allem Lebensmittel, aber auch Nähzeug, Gewürze und Seifen im Angebot. Viele seiner Kunden verdienten zu wenig und mussten daher häufig „anschreiben“, um sich versorgen zu können. Leider nutzten einige Krämer diese Abhängigkeit aus. So konnten sie etwa beim Auswiegen betrügen oder auch schlechte Waren unters Volk bringen. Um sich davor zu schützen, wurden Konsumgenossenschaften gegründet. Sie sorgten dafür, dass Lebensmittel und andere Dinge für alle Menschen bezahlbar und gut waren. Einige dieser Genossenschaften gingen sogar selbst in die Produktion und stellten Brote, Kaffee und vieles mehr her. Das Wort *Konsum*, es kommt aus dem Lateinischen und bedeutet *verbrauchen*, kennst du auch heute noch. Die Barmer betonten es nicht auf der zweiten Silbe, sondern auf der ersten. Es klang dann eher wie *Konnsum*.

Was aus der Vereinigung einiger Genossen entstand

Im Jahre 1924 vereinten sich verschiedene Genossenschaften aus Barmen, Elberfeld und dem nahen Velbert unter dem Namen „Konsum-Produktionsgenossenschaft Vorwärts-Befreiung“. Es entstanden 66 „Verteilungsstätten“, also Konsumläden, in denen die Bürger viele ihrer Lebensmittel kauften. Waren sie Mitglieder der Genossenschaften, bekamen sie Wertmarken in Höhe ihres Einkaufs, die in Heftchen geklebt und gesammelt wurden. Am

LKW der „Konsumgenossenschaft Vorwärts"

Ende des Jahres wurden die Mitglieder am Umsatz beteiligt und ausgezahlt. Später änderte sich der Name Konsum in *coop*. Eine Theke mit Bedienung blieb zwar, aber es fand auch Selbstbedienung statt. Dadurch waren viele Dosen, Flaschen und Kartons erstmals richtig greifbar für den Kunden und es landete sicher oft mehr im Wagen, als nötig gewesen wäre.
Noch heute sind Supermärkte so aufgebaut, dass sie dich zum Kauf verführen, ohne dass du es richtig bemerkst.

Verkäuferinnen eines Konsumladens

Die Bergische Kaffeetafel

Auch heute noch holst du dir die Zutaten für das folgende Rezept oft aus dem Supermarkt. Es gehört zur Tradition der ***Bergischen Kaffeetafel*** *(um 1700), die man in einigen Restaurants, aber auch daheim genießen kann. Hierzu kommen beispielsweise verschiedene Sorten Brot, Stuten, Milchreis mit Zimt und Zucker, Quark, Butter, Zwieback, Kuchen, Käse, Schinken, Wurst, Honig und Rübenkraut auf den Tisch. Dazu gibt es Waffeln, die mit heißen Sauerkirschen serviert werden. Nicht zu vergessen viel Kaffee für die „Großen", der bestenfalls aus einer Dröppelmina in die Tassen „dröppelt". (Der Ausdruck kommt vom Tropfen.) Du hast Hunger bekommen? Dann schnapp dir ein Waffeleisen, einen Erwachsenen und leg los!*

Zutaten für etwa 10 Waffeln:
150 g weiche Butter
60 g Zucker
2 Päckchen Vanillezucker, 3 Eier
200 g Mehl, ½ Teelöffel Backpulver
¼ l Milch
etwas Öl oder Butter für das Waffeleisen
Puderzucker zum Bestäuben

Die Zubereitungszeit dauert etwa 1 Stunde. Der Teig sollte 20 Minuten ruhen.

Wuppertal im Zweiten Weltkrieg

Von dunklen Zeiten, deren Ausgang und was daraus entstanden ist

Nachdem bereits von der Pest, Hungersnöten und Kriegen die Rede war, geht es hier um ein noch dunkleres Kapitel in der deutschen Geschichte. Die Folgen der *Weltwirtschaftskrise* waren, wie der Name schon sagt, weltweit spürbar. Auch in Wuppertal verlor das Geld seinen Wert und so gab es immer weniger dafür zu kaufen. Unglaublich viele Arbeitslose zogen durch das Land, um Arbeit zu finden und es ging den meisten Bürgern sehr schlecht.

Noch ehe der Zweite Weltkrieg ausbrach, suchte man nach einem Sündenbock, der in der jüdischen Bevölkerung rasch gefunden wurde. Glücklicherweise ging es nach Kriegsende in eine völlig andere Richtung und auch davon berichtet dieses Kapitel.

Wie es dazu kommen konnte

Adolf Hitler war Vorsitzender der Partei NSDAP (*Nationalsozialistische Deutsche Arbeiterpartei = Nazis*). Er versprach dem deutschen Volk Arbeit für alle Bürger und auch mit dem Hunger sollte es endlich ein Ende haben. Aber damit nicht genug. Denn wer genau aufpasste, erfuhr noch viel mehr von Hitlers Zielen. Deutsche sollten wieder eine blonde und hellhäutige Herrenrasse sein, sogenannte *Arier*. Als Hitler an die Macht kam, hob er 1933 die geltenden Grundrechte auf. Dazu gehörte unter anderem auch die Meinungsfreiheit. Der Diktator beherrschte so die öffentliche Meinung, denn nur ausgewählte Informationen kamen unters Volk. Er verbreitete seine Ideen und sorgte dafür, dass die Juden zunächst gemieden, dann offen angefeindet und am Ende unvorstellbaren Grausamkeiten ausgesetzt wurden. Betroffen war aber nicht nur die jüdische Bevölkerung. Menschen anderer Herkunft, offene Gegner der Partei und Menschen mit Behinderungen wurden ebenso verfolgt.

Und heute?

Grundrechte am Beispiel Meinungsfreiheit

Nach Kriegsende, genauer seit 1949, ist auch das wertvolle Recht der **Meinungsfreiheit** gesetzlich wieder fest verankert. Im **Artikel 5 des Grundgesetzes** heißt es: „Jeder hat das Recht, seine Meinung in Wort, Schrift und Bild frei zu äußern und zu verbreiten ..." Das ist aber nicht selbstverständlich, denn in vielen Ländern, sogar in demokratischen, ist diese Freiheit immer noch begrenzt oder gar nicht vorhanden.

10-Jahr-Feier der Wuppertaler Hitlerjugend (HJ) vor dem Barmer Rathaus

Einige ausgesuchte Ereignisse Wuppertals

1932 *Adolf Hitler spricht im Stadion am Zoo.*

1933 *Es gibt Proteste gegen die Nazis vor dem Barmer Rathaus. Erste Gegner kommen ins* ***Konzentrationslager Kemna****. In diesen auch KZ genannten Lagern müssen die Menschen hart arbeiten und werden gefoltert.*

1936 *Etwa 25.000 Bücher werden aus der Stadtbibliothek entfernt. Sie entsprechen nicht den Wertvorstellungen der Nazis.*

1938 *In der* ***Reichspogromnacht*** *brennen die Synagogen in Barmen und Elberfeld. Juden werden angegriffen oder vertrieben.*

1939 *Der* ***Zweite Weltkrieg*** *hat begonnen. Die Fenster werden mit Tüchern abgedunkelt, damit feindliche Flieger in der Nacht kein Ziel finden.*

1940 *Die Massendeportationen beginnen. Das bedeutet, die jüdische Bevölkerung wird nach und nach in KZ eingewiesen.*

1942 *In der Elberfelder Stadthalle hält* ***Joseph Goebbels*** *eine Rede. Er ist der Propagandaminister und sorgt dafür, dass alles, was das Volk liest, sieht oder hört, mit den Ansichten der Partei übereinstimmt.*

30. Mai 1943 *Auf Barmen und Ronsdorf werden* ***Bomben*** *abgeworfen. Als drei Wochen später noch Elberfeld angegriffen wird, steigt die Zahl der Toten auf ca. 6000. Nicht nur Häuser werden zerstört, auch das Gerüst der Schwebebahn ist getroffen und der Schwebebahnbetrieb muss eingestellt werden.*

1945 *Oberbarmen, Heckinghausen und Langerfeld werden bombardiert. Inzwischen liegt die Stadt in Schutt und Asche und die Plünderungen beginnen. Wuppertal wird von amerikanischen Soldaten besetzt. In diesem Jahr, am 7. Mai, gibt die deutsche Wehrmacht auf. Damit ist der Krieg am* ***8. Mai*** *endlich vorüber. Ganz Deutschland wird in Zonen eingeteilt und Wuppertal fällt unter die* ***britische Besatzung****.*

ab 1945 *Viele große Gebäude werden wieder instand gesetzt. Dazu gehören die Ruhmeshalle, die Stadtbibliothek, das Rathaus, die Stadthalle und das Opernhaus. Das komplette Beseitigen der Trümmer dauert mehrere Jahre an.*

1946 *Nachdem die Straßen und Gerüste repariert wurden, können Wuppertaler wieder Straßenbahn und Schwebebahn fahren.*

1948 *Mit der* ***Währungsreform*** *im Juni löst die Deutsche Mark die Reichsmark als Zahlungsmittel ab.*

Was alles für mehr Sicherheit getan wurde

Um vor Bombenangriffen sicher zu sein, wurden Luftschutzräume in verschiedener Form errichtet. So wurden in Wuppertal mehrere hundert Stollen und Höhlen ausgebaut und viele Hochbunker errichtet, die teilweise auch heute noch stehen und besichtigt werden können. Die Bunker konnten eckig oder rund sein, hatten aber alle extrem dicke Wände aus Stahlbeton und wenige Fensteröffnungen. Für die Verdunklungspflicht, die auch in normalen Häusern galt, wurde viel Werbung gemacht. Es gab Leuchtfarben für die Innenräume, Feuerschutztüren und Plakate, die Verdunkelungsrollos und Gasspürgeräte anpriesen.

Wie sich Kindheit im Krieg abgespielt hat

Eine Kindheit, wie du sie erlebst, war im Krieg nicht möglich. Es wurde alles von außen bestimmt, sogar mit wem du spielst und welche Lieder du singen durftest. Die Beeinflussung durch die Partei war äußerst wirkungsvoll. Kindern wurde das spielerisch vermittelt. Vom Sammelheftchen mit Freund-Feind-Bildern bis hin zu Brettspielen wie „Fliegeralarm – ein Unterhaltungsspiel für Jung und Alt“. Auch unter dem Weihnachtsbaum lagen oft Kriegsspielzeuge. Ältere Kinder ab 10 Jahren mussten in die Hitlerjugend, wo sie in Disziplin und Gehorsam geschult wurden. Dazu kam die ständige Angst. Der Fliegeralarm fand ja nicht nur im Spiel statt, sondern war Alltag. Dann ging es in den Luftschutzraum. Immer in der Hoffnung, die eigene Wohnung nicht ausgebombt zu finden, wenn man wieder herauskam. Doch das war nichts im Gegensatz zu den Kindern jüdischer Abstammung. Sie mussten ständig um ihr eigenes und das Leben ihrer Familien fürchten.

Beispiel für das Innere eines Bunkers: Der Luftschutzbunker am Neumarkt in Elberfeld

Was der Krieg aus Menschen macht

Der Krieg brachte in einigen Menschen das Beste hervor, in anderen das Schlimmste. So waren einige dazu bereit, ihre letzten Besitztümer mit den Bewohnern der ganzen Straße zu teilen, ihre jüdischen Freunde zu verstecken oder ihnen zur Flucht zu verhelfen. Andere wiederum nutzten die Macht ihrer Uniform gnadenlos aus. Als es im Verlauf des Krieges zur Vernichtung der Juden in ganz Europa (*Holocaust*) kam, gab es ebenso Soldaten, denen es schwer fiel, die Befehle zu befolgen und solche, die immer noch überzeugt an ihren Führer Adolf Hitler glaubten und ihm die Treue hielten.

Das zerstörte Opernhaus (oben) und die ausgebrannte Gemarker Kirche (rechts)

Und heute?

Es gibt weiterführende Literatur, wenn du mehr zum Thema *Zweiter Weltkrieg* lesen möchtest. Beispiele hierfür sind:

Ab 8

memo wissen: **Der Zweite Weltkrieg**, Dorling Kindersley Verlag

Ab 10

Poole, Josephine: **Anne Frank**, Arena Verlag

Levine, Karen: **Hanas Koffer**, Ravensburger Verlag

Ab 13

Nürnberger, Christian: **Mutige Menschen – Widerstand im Dritten Reich**, Gabriel Verlag

Rhue, Morton: **Die Welle**, Ravensburger Verlag

Mutiger Widerstand

Es gehörte schon jede Menge Mut dazu, sich in dieser Zeit gegen die Nationalsozialisten zu wehren oder sich für andere einzusetzen. Viele passten sich und ihre Überzeugung an, um keinen Ärger zu bekommen. Auch in der ***evangelischen Kirche*** *gab es die* ***„Deutschen Christen“****, die die Ideen der Nazis sogar unterstützten. Dagegen schlossen sich viele Gemeindemitglieder und Pastoren zur* ***„Bekennenden Kirche“*** *zusammen und traten entschlossen gegen diese falschen Lehren ein. Im Mai 1934 trafen sich in der* ***Gemarker Kirche in Barmen*** *viele wichtige Kirchenvertreter. Sie verfassten sechs Grundsätze, in denen sie sich zu ihrem Glauben an Gott und Jesus Christus bekannten und die Bibel als einzige Richtlinie für ihr Leben festlegten, die* ***„Barmer Theologische Erklärung“****. Sie ist bis heute ein mutiges Zeugnis von Christen für ihren Glauben. Seit 2014 gibt es in der Gemarker Kirche eine Ausstellung über diese Zeit.*

Wenn es um Widerstand in jener Zeit geht, wird immer auch sein Name fallen: ***Graf von Stauffenberg****. Er war 1944 am Anschlag gegen Hitler beteiligt und wurde, nachdem dieser fehlschlug, erschossen. Zwischen 1939 und 1943 lebte er in der Lönsstr. 25 in Barmen, wo heute eine bronzene Gedenktafel an ihn erinnert.*

Warum lebendige Erzählung so bedeutend ist

Es ist unvorstellbar, dass diese Ereignisse gerade einmal ein paar Jahrzehnte zurückliegen. Die grausigen Taten aus dem Mittelalter sind ja schon sehr lange her und haben mit dir gar nichts mehr zu tun. Bei diesem Krieg ist es so, dass die älteren Menschen um dich herum ihn damals erlebt und überlebt haben. Sie können anschaulich davon berichten. Wie belastend es auch nach Kriegsende für alle war, erfährst du in dem folgenden Gespräch.

Wie eine Familie über Umwege in den Bunker kam

Inmitten des Krieges, nach dem Angriff auf Barmen 1943, ist Irene Idel mit ihrer Familie nach Thüringen gezogen. Sie war damals fünf Jahre alt und sagt: „Das war für mich und meine Geschwister die schönste Kinderzeit auf dem Dorf, obwohl es Krieg war.“ Drei Jahre später kamen sie zurück nach Wuppertal. Das Haus, in dem sie vorher gewohnt hatten, war nicht zerstört worden, aber es lebten andere Menschen darin. Wenigstens bekamen sie ihre Möbel zurück, die dann mit in den Bunker umzogen, der ihr neues Zuhause wurde.

Gespräch mit Irene Idel

In welchem der Wuppertaler Bunker waren Sie und wie genau sah es darin aus?

Wir haben im Hochbunker am Rott in der Großen Hakenstraße gewohnt. Auf sechs Stockwerken waren viele Familien untergebracht. Unsere fünfköpfige Familie hatte einen Raum in der obersten Etage. Die Stockbetten standen am Ende des Raumes. Vor die Betten wurden zwei Schränke gestellt, so war es ein bisschen abgeteilt. Davor standen Tisch und Stühle sowie ein Schränkchen mit dem Kocher. Nicht alle Familien hatten eine eigene Kochstelle. Für sie standen Kocher im Flur bereit. Die Toiletten waren auch draußen. Bäder oder Duschen gab es keine.

Wie lange haben Sie dort gelebt?

Insgesamt zwei Jahre. Als wir 1946 einzogen, war ich acht Jahre alt. Während dieser Zeit wurde ich in der Thorner Straße eingeschult. Es gab immer wieder Stromsperren von morgens um 8 Uhr bis mittags um 13 Uhr. Das bedeutet, im gesamten Bunker war es stockdunkel. Versuch mal, dich ohne Licht durch die Zimmer und das Treppenhaus zu bewegen, das ist gar nicht so einfach. Taschenlampen hätten wir gut gebrauchen können. Viele von uns hatten richtig Angst im Dunkeln und so sind wir immer mindestens zu zweit hoch- oder runtergegangen. Bei solchen Stromsperren waren auch die Frauen vormittags lieber draußen. Sie gingen zweimal wöchentlich zum Markt und putzten später vor dem Bunker bei Tageslicht Kartoffeln und Gemüse für das Mittagessen.

Da Sie gerade vom Kochen erzählen: Gab es denn genug zu essen für Ihre Familie?

Genug zu essen hatte niemand im Bunker. Aber mein Vater ging für uns „hamstern“ (Er legte einen Vorrat an, um damit am Schwarzmarkt Tauschhandel zu betreiben). Ein Onkel war im Bergbau tätig und bekam Bergmannspunkte. Damit konnte er Waren eintauschen, die es nur für diese Punkte gab. Der Vater tauschte Dinge mit dem Onkel und zog damit aufs Land, um bei den Bauern Lebensmittel dafür zu bekommen. Da waren meine Mutter und ich schon mal dabei. Ich musste auch betteln gehen. Die Sachen, die wir besorgen konnten, wurden hinter einem Gebüsch versteckt. Und dann ging es mit vollem Rucksack wieder zurück. Entweder nahm uns ein Pferdekarren mit oder wir mussten einige Kilometer laufen. Die Züge waren immer überfüllt. Sogar auf den Trittbrettern und Puffern fuhren Leute mit. Oder sie hingen halb draußen aus den Fenstern mit ihren schweren Rucksäcken. Dabei geschahen viele Unglücke. Im Bunker zurück hatte man dann Lebensmittel, die zum größten Teil verkauft wurden. Auf diese Weise gab es immer ein wenig zu essen für alle.

Was war das Schlimmste in dieser Zeit für Sie?

Der Hunger. Wir hatten immer Hunger. Noch schlimmer wurde es, als der Vater 1946 für einige Monate unverschuldet ins Gefängnis musste. Das war die schlimmste Zeit, da haben wir richtig gehungert. Es gab Quäkerspeisen (auch Kinderspeisen genannt, wurde von den Besatzern gespendet und in

den Schulen verteilt). Eine ganz kleine Büchse Obst wurde unter vier Kindern aufgeteilt. Manchmal gab es eine Suppe, die war völlig ungenießbar.
Für Brot haben wir stundenlang in aller Frühe angestanden. Wenn wir Glück hatten, bekamen wir noch ein Brot, wenn wir Pech hatten, war es alle und wir mussten ohne nach Hause gehen. In unserem Zimmer gab es diese Kiste mit Vorhängeschloss. Da war das Brot drin, damit wir nicht drankamen. Meine ältere Schwester hatte mitgekriegt, wo meine Mutter den Schlüssel aufbewahrte. Und wenn sie nicht da war, sind wir an die Brotkiste gegangen und haben etwas gegessen. Entweder hat die Mutter es nicht bemerkt oder sie hat nie was gesagt.

Das kann sich heute kaum ein Kind mehr vorstellen, oder? An jeder Ecke gibt es doch alle zehn Minuten frische Brötchen zu kaufen! Was gehörte sonst noch zum Alltag im Bunker?

Wir haben dort Verstecken gespielt. Das ging gut, es gab ja so viele Ecken und Winkel. Aber meistens waren wir draußen unterwegs, da war die Luft auch frischer. Und es gab nicht so viel Ungeziefer wie drinnen! Als die Flüchtlinge kamen, die sich ja wochenlang nicht waschen konnten, brachten sie Wanzen mit. Die krabbelten durch die Luftschächte in jeden Raum und wir hatten sie überall, auch im Bett. Und die haben so gezwickt, furchtbar. Ich weiß nicht, wie oft wir den Kammerjäger dahatten. Da wurde alles abgedichtet und gespritzt und wir durften lange nicht rein. Eine Zeitlang war es dann gut, aber die Wanzen kamen immer wieder. Läuse hatten wir auch oft, allein durch die Schule wurden die verbreitet.

Mich juckt es schon bei der Vorstellung! Sind Sie denn wenigstens die Wanzen losgeworden, als Sie ausgezogen sind?

Ja. Meine Mutter hat jedes einzelne Kleidungsstück dreimal umgedreht und abgesucht! Leider konnten wir unsere Möbel nicht mitnehmen. So zogen wir nur mit unseren Anziehsachen und Haushaltsgegenständen um, mehr hatten wir nicht. Aber es war schön, immer frische Luft durch die Fenster zu bekommen, Licht zu haben, wenn es gebraucht wurde und eine eigene Toilette. Die Kücheneinrichtung mit Kohleofen wurde zuerst besorgt, weil sie am wichtigsten war. Nach und nach haben wir uns eingelebt. Du kannst aus einer schlechten Zeit gut in eine bessere reinkommen, aber von einer guten Zeit in eine schlechte, das ist hart. Das ist schwer. Die Bunkerzeit werde ich nie ganz vergessen können.

Das verstehe ich gut. Ganz herzlichen Dank für Ihre Geschichte. Mögen wir das Innere eines Bunkers höchstens einmal bei einer Stadtführung zu sehen bekommen!

Wohin das alles letztlich geführt hat

Hier nun verlässt du die düstere Nachkriegszeit und kommst der Gegenwart immer näher. In ganz Deutschland, also auch in Wuppertal, wurden die meisten Menschen nach und nach weltoffener. Ganz bewusst suchte man Kontakte ins Ausland, um dort neue Freunde zu finden. Eine Möglichkeit dazu gaben die Städtepartnerschaften. Auf der nächsten Seite geht es um diese Partnerstädte in aller Welt. Es begann 1950 in einer kleinen Ortschaft Englands …

Warum Städtepartnerschaften sinnvoll sind

Gegenseitig voneinander zu lernen lohnt sich. Denn ein Austausch ist immer gut, im eigenen Umfeld zwischen Kindern und Eltern, Kindern untereinander und in vielen anderen Bereichen. Wenn sich Menschen zweier Städte austauschen, wird es noch vielfältiger. Die Lebensumstände können ähnlich, aber auch vollkommen anders sein. Städtepartnerschaften ermöglichen es, über den eigenen Tellerrand hinauszuschauen, und es gibt unterschiedliche Gründe, warum gerade diese Partnerschaften entstanden sind. Sie bestehen sowohl zwischen den Städten verschiedener Länder als auch innerhalb Deutschlands.

Bemerkenswert

Wer es eher sportlich mag …

… der radelt nach England!

Das lange, untätige Sitzen in Bussen, Zügen oder Flugzeugen ist dir zu langweilig? Dann wäre doch die **Rad-Route**, die nach South Tyneside führt, genau das Richtige für dich! Mit dem Fahrrad kommst du beinahe überall hin und so führen diese „Grünen Wege" zu jeder Wuppertaler Partnerstadt. Alles dazu gibt es auf der Homepage:

www.der-gruene-weg.de

Wann South Tyneside den Anfang machte

Die erste Partnerstadt Wuppertals liegt im schönen England und heißt South Tyneside. Ausgesprochen klingt das ungefähr so: *Ssauss Teinsseid*. Seit 1950 gibt es die Verbindung und die Geschichte dieser Stadt erinnert an die Wuppertals, von der du hier schon viel gelesen hast. In South Tyneside wurde in den Weltkriegen auch viel zerstört und danach wieder aufgebaut. Sie wurde erst 1974 gegründet und fügte sich aus vielen Bezirken zusammen. Als Zeichen der Verbindung zu dieser ersten Partnerstadt findest du am Alten Markt ein danach benanntes Ufer.

Wie Berlin-Schöneberg als erste deutsch-deutsche Partnerschaft dazu kam

Französischen Glanz brachte 1960 die Stadt Saint-Étienne nach Wuppertal. Bereits vier Jahre später gesellte sich die erste Partnerstadt innerhalb des Landes dazu: „Berlin-Schöneberg". Die Bürger pflegten schon vorher Kontakte untereinander, die durch diese Partnerschaft gefestigt wurde. In „Berlin-Schöneberg" lebte zum Beispiel Else Lasker-Schüler, eine deutsch-jüdische Schriftstellerin, die in Elberfeld geboren wurde. Und auch Albert Einstein, von dem du sicher schon einmal gehört hast, hat hier eine Zeit lang gewohnt. Heute heißt dieser Berliner Bezirk „Tempelhof-Schöneberg".

Alle auf einen Blick

1950 ***South Tyneside*** *– Großbritannien*

1960 ***Saint-Étienne*** *– Frankreich*

1964 ***Bezirk Berlin-Schöneberg*** *– Deutschland*

1977 ***Beer Sheva*** *– Israel*

1980 ***Košice*** *– Slowakische Republik (damals noch Tschechoslowakei)*

1987 ***Schwerin*** *– Deutschland (damals noch DDR)*

1987 ***Matagalpa*** *– Nicaragua*

1993 ***Liegnitz*** *(Legnica) – Polen*

Wo es noch mehr Partnerschaften zu finden gibt

In vielen weiterführenden Schulen gibt es zudem Schulpartnerschaften. So ist zum Beispiel das Gymnasium am Kothen der Partner für das St. Wilfrid's College in South Tyneside, Großbritannien. Aber auch viel entferntere Länder wie die USA, Australien, Russland, Tansania oder Israel sind vertreten. Ganz bestimmt kann dich der eine oder andere Ort eines Tages zu einer aufregenden Reise ermutigen!

Weltreligionen in Wuppertal

Vom Reichtum des Geistes, einem mutigen Mönch und Glückspunkten

Willst du Kinder aus anderen Ländern kennenlernen oder wissen, wie sie leben? Dazu brauchst du nicht weit zu reisen. Überall in deiner Nachbarschaft gibt es Kinder, deren Eltern oder Großeltern aus anderen Ländern nach Wuppertal kamen, um hier bessere Arbeitsbedingungen zu finden. Manche wurden auch in ihrem Heimatland wegen ihrer politischen Ansichten oder ihres Glaubens bedroht und bekamen bei uns Schutz und ein neues Zuhause. Die über 150 Nationalitäten machen Wuppertal zu einer bunten Stadt mit ganz unterschiedlichen Sprachen, Lebensgewohnheiten und Religionen. Keine andere Stadt hat eine solche Vielfalt an Glaubensrichtungen. Kirchturmspitzen siehst du an jeder Ecke und auch andere religiöse Bauwerke prägen das Bild unserer Stadt. Die Illustration unten zeigt einige davon.

Wie die katholische und die evangelische Kirche entstanden

Der Ursprung des Christentums liegt im Leben und Wirken Jesu Christi. Nach dessen Tod bildete sich eine kleine religiöse Bewegung, die angefeindet und verfolgt wurde. Aus diesen ersten christlichen Gemeinden entwickelte sich die *Katholische Kirche*, deren Oberhaupt der *Papst* ist. Sie war die allgemeine christliche Kirche und hat noch heute innerhalb des Christentums die meisten Mitglieder. Ein katholischer Mönch und Bibelgelehrter namens *Martin Luther* gab den Anstoß zur Gründung der *Evangelischen Kirche*. Weil der Handel mit Gebetsbriefen, mit denen man sich angeblich von den Sünden freikaufen konnte, und vieles andere nicht zum Wohle der Menschen geschah, wollte er die Kirche erneuern. Luther mahnte, sich wieder auf das zu besinnen, was in der Bibel steht. Seine Meinung schrieb er am 31. Oktober 1517 auf und nagelte die Liste mit seinen Thesen an die Tür der Schlosskirche zu Wittenberg. Er wurde daraufhin verfolgt und aus der katholischen Kirche ausgeschlossen, aber er brachte die Veränderungen in der Kirche in Gang, die man *Reformation* nennt. Die Kirche spaltete sich in Katholisch und Evangelisch. Die Christen, die seit dieser Zeit Luthers Lehre befolgten, nannten sich nun *lutherisch*, Anhänger anderer evangelischer Bewegungen wurden als *reformiert* bezeichnet. Zum Gedenken feiern die evangelischen Christen an jedem 31. Oktober den Reformationstag.

Vielfalt im Christentum

*Überall in Deutschland bekämpften sich katholische, lutherische und reformierte Gläubige, nur im Herzogtum Berg waren die Herzöge schon früh offen für verschiedene Glaubensrichtungen. Hier konnten sich reformierte und lutherische Gemeinden bilden und die katholischen Gemeinden blieben trotzdem bestehen. Heute gibt es in Wuppertal **katholische** und **evangelische Gemeinden,** sowie **freie evangelische Gemeinschaften.***

Bemerkenswert

In Wuppertal gibt es von der Afrikanischen Gemeinde bis zu den Zeugen Jehovas ca. **80 unterschiedliche Glaubensgemeinschaften**.

Eine Bibel trägt den Namen „Elberfelder Bibel". Sie und viele andere sind im **Bibelmuseum** ausgestellt.

Die erste Kirche in Elberfeld am Kirchplatz wurde schon um 1.000 n.Chr. gebaut. An der gleichen Stelle steht die **Alte reformierte Kirche**. Sie ist die älteste noch erhaltene Kirche und heißt heute **Citykirche Elberfeld**.

Adolf Kolping (1813–1865) hat einige Jahre in der Laurentiuskirche als Kaplan gearbeitet. Er wird auch der *Gesellenvater* genannt, weil er sich aufopfernd um die vielen armen Handwerksgesellen kümmerte. Eine Gedenktafel am Laurentiusplatz ist ihm gewidmet.

Auf einem ehemaligen Grundstück der Gemarker Kirche, wurde die jüdische Synagoge erbaut. Wuppertal ist damit die einzige Stadt, in der eine jüdische und eine christliche Gemeinde so direkte Nachbarn sind.

Was Religionen mit dem Leben zu tun haben
Worin der Sinn des Lebens besteht und wie es nach dem Tod weitergeht, beschäftigte die Menschen schon immer. Bereits in der Steinzeit legte man den Toten Dinge mit ins Grab, die für ein nächstes Leben bestimmt waren. Die Menschen glaubten früher an viele Götter. Die Ägypter verehrten Amun, den Sonnengott oder Isis, die Göttin der Liebe. Die Griechen vertrauten dem Göttervater Zeus und die Römer Jupiter. Fünf große Religionen sind im Laufe der Zeit entstanden. Ihre Anhänger beten zu mehreren Göttern, wie die Hindus, oder zu einem einzigen Gott, wie die Juden, Christen und Muslime. Die Buddhisten verehren Buddha und leben nach seiner Lehre. Alle Religionen wollen uns den Weg zu einem guten Leben zeigen. Sie ermutigen uns, friedlich miteinander umzugehen und uns zu helfen. Gemeinsam haben sie die Hoffnung, dass mit dem Tod nicht alles zu Ende ist. Vielleicht gehören die Kinder aus deiner Klasse ganz unterschiedlichen Religionen an. In diesem Kapitel erfährst du, was ihnen wichtig ist und welche Feste sie gerne feiern. Die Namen einiger Kinder kennst du schon aus den Geschichten dieses Buches.

Wie die Ökumene Gemeinsamkeit schafft
So unterschiedlich das Christentum, das Judentum und der Islam auch sind, sie alle verbindet der Glaube an einen Gott. In Wuppertal gibt es viele Möglichkeiten, andere gläubige Menschen in ihren Gemeinden kennenzulernen. Zum Beispiel lädt die Jüdische Kultusgemeinde zum „Rosch ha-Schanah" ein, ihrem Neujahrsfest. Gemeinsam taucht man Apfelstücke in Honig und wünscht sich „shana tova", ein gutes Jahr. Die islamischen Moscheen öffnen immer am 3. Oktober ihre Türen, um sich mit anderen auszutauschen. Am „Runden Tisch Wuppertal" entsteht alle zwei bis drei Jahre ein gemeinsamer Kalender der Religionsgemeinschaften, in dem alle Feste und Feiertage aufgeführt sind. Auch bei den katholischen und evangelischen Gemeinden gibt es vieles, was man gemeinsam tun kann. Dazu gehören Gottesdienste, Kinderbibeltage, Jugendgruppen oder Sommerfreizeiten für Kinder. Auf einem gemeinsamen Grundstück werden demnächst die Friedhöfe für Juden, Christen und Muslime beieinander liegen. Das wäre einmalig in Deutschland und ein gutes Zeichen für ein Miteinander der Religionen.

Maja erzählt

Wenn du am Sonntagmorgen durch Wuppertal gehst, hörst du die Glocken der vielen Kirchtürme, die zum Gottesdienst läuten. Meine Familie und ich gehören zur evangelischen Kirchengemeinde Heckinghausen. Während meine Eltern zum Gottesdienst für Erwachsene gehen, treffen wir Kinder uns im Kindergottesdienst. Wir zünden eine Kerze an, hören eine Geschichte aus der Bibel, singen und basteln. Als Christin glaube ich an Gott und seinen Sohn Jesus Christus. Er hat vor 2.000 Jahren bei den Menschen gelebt, denen er von Gott erzählte. Jesus sagte, dass sein Vater ihnen ihre Sünden vergeben und sie nach dem Tod das ewige Leben haben würden. Überall könnt ihr unser Symbol, das Kreuz, entdecken. Viele Christen tragen es als Kette um den Hals. Es soll uns daran erinnern, dass Jesus an einem Kreuz gestorben ist und von den Toten auferweckt wurde, um zurück zu Gott in den Himmel aufzufahren. Wie auch in anderen Gemeinden gibt es bei uns während der Woche viele Möglichkeiten sich zu begegnen, zum Beispiel in unserer Jungschar. Da treffen wir uns regelmäßig zum Spielen und Basteln oder zu einem Ausflug. Jedes Kind ist herzlich willkommen.

Majas Kusine wird nass

Wenn ein Kind getauft wird, ist das immer ein besonderer Tag für die Familie, aber auch für die Gemeinde. Egal, ob katholisch oder evangelisch, mit der Taufe wird ein Mensch in die Gemeinschaft der Christen aufgenommen. Die meisten Eltern lassen ihre Kinder schon früh taufen und versprechen, dem Kind alles Wichtige vom christlichen Glauben zu erzählen. Die Taufpaten unterstützen die Eltern dabei und begleiten den „Täufling“ für viele Jahre auf seinem Lebensweg. Manche Eltern möchten die Taufe erst feiern, wenn ihre Kinder schon älter sind und mehr verstehen. Als meine Kusine Helena in unserem Gottesdienst getauft wurde, war sie erst einige Wochen alt. Sie hatte ein langes weißes Taufkleid an, das schon meine Oma als Baby zur Taufe getragen hat. Ich durfte die schön verzierte Taufkerze anzünden, dann versammelten sich die Familie und die Paten um das Taufbecken. Mit den Worten: „Ich taufe dich im Namen des Vaters und des Sohnes und des Heiligen Geistes“, goss der Pastor dreimal etwas Wasser über Helenas Kopf und segnete sie, die Eltern und die Paten.

Was noch wichtig ist

Das *Vaterunser* ist ein altes Gebet, das Christen auf der ganzen Welt in jedem Gottesdienst sprechen, ebenso das *Glaubensbekenntnis*. Das Gebot der Nächstenliebe ist eines der wichtigsten *Gebote der Bibel* für die Christen. So wird in jedem Gottesdienst für Menschen mit Krankheiten oder in Not gebetet und Geld gespendet. Jeder Christ besitzt eine Bibel, die neben den *Zehn Geboten* auch andere Richtlinien für das Leben enthält. Die Bibel enthält 66 einzelne Bücher und wird deswegen auch „Buch der Bücher" genannt. Sie ist weltweit in 469 Sprachen übersetzt. Das *Neue Testament* war zunächst in Griechisch geschrieben. Erst Martin Luther übersetzte es in die deutsche Sprache. Wenn Kinder größer sind und dem Christentum weiterhin angehören möchten, können sie das noch einmal selbst entscheiden. Dazu besuchen sie in der evangelischen Kirche einige Zeit den Konfirmandenunterricht und feiern dann mit ungefähr 14 Jahren in einem Gottesdienst *Konfirmation*. In der katholischen Kirche gehen die Kinder bereits mit 8 oder 9 Jahren zur *Erstkommunion*. Auch hier wird man im Unterricht darauf vorbereitet. Einige Jahre später bekräftigt die *Firmung* noch einmal die *Taufe* und *Kommunion*.

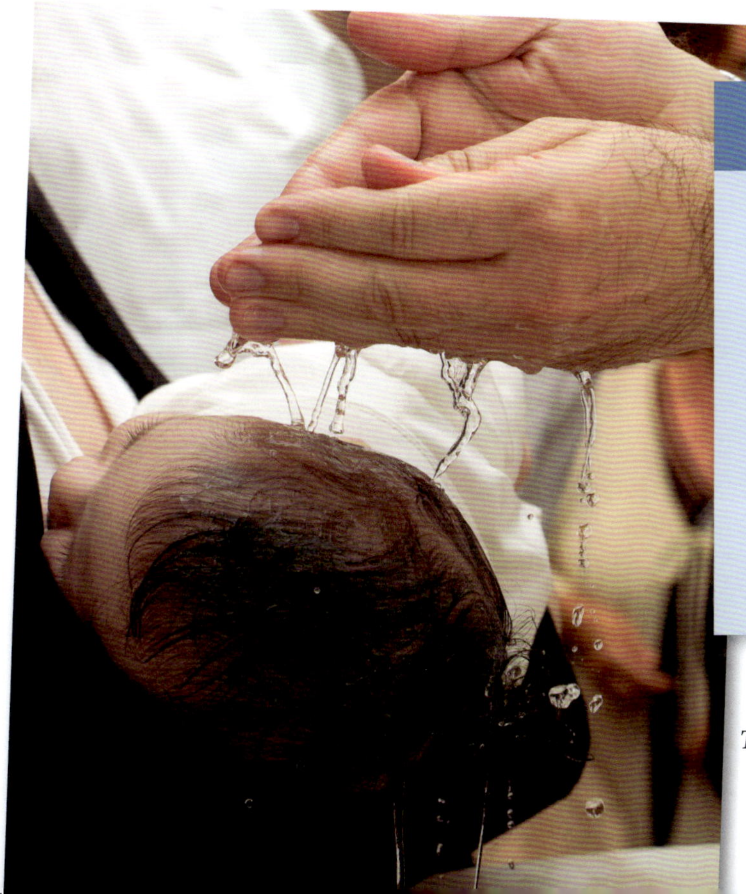

Und heute?

Christentum in Wuppertal

Das Christentum ist mit über zwei Milliarden Anhängern die größte der Weltreligionen. In Wuppertal haben wir katholische, evangelische und orthodoxe Kirchen. Ein Programm für Kinder und Jugendliche bieten neben den Gemeinden der **Christliche Verein Junger Menschen (CVJM)** und die **Katholische Jugendagentur (KJA)** an.

Taufe eines Babys

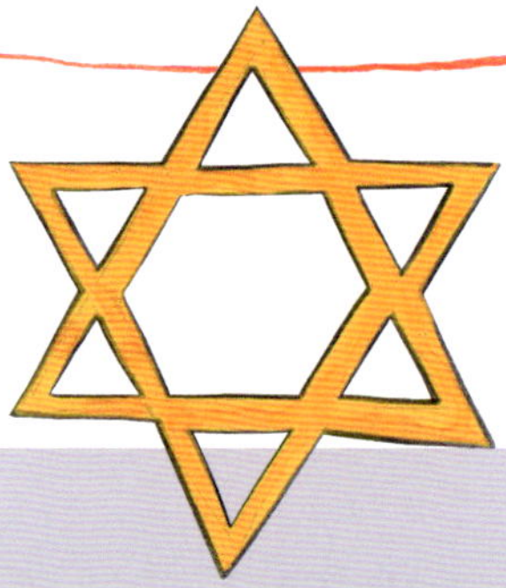

Alexander erzählt

Anders als bei den Christen oder Muslimen sind wir nicht nur Religionsgemeinschaft, sondern auch ein Volk mit einer langen Geschichte. Als Kind jüdischer Eltern bin auch ich Jude. Wir glauben an den einen heiligen Gott, von dem es kein Bildnis gibt. Die Synagoge ist Treffpunkt der Gemeinde und mein zweites Zuhause. Am rechten Türpfosten der Eingangstür ist eine Mesusa angebracht, ein kleiner Behälter mit Auszügen aus der Thora. Wenn wir daran vorbeigehen, berühren wir sie kurz. Während des Gottesdienstes sitze ich bei meinem Vater und meinem älteren Bruder und höre dem Rabbi zu. Er leitet den Gottesdienst und hält Vorträge für die Erwachsenen. Einmal in der Woche kommt der Religionslehrer und unterrichtet uns in Hebräisch. Das ist wichtig, denn unsere Gebete und die Thora sind in dieser Sprache geschrieben. Auf den großen Pergamentrollen der Thora sind in Handschrift die fünf Bücher Mose mit allen Geboten für unser Leben aufgeschrieben. Sie sind uns so wichtig, dass sie in einem Jahr von vorne bis hinten durchgelesen werden. Mit 13 Jahren feiere ich meine „Bar Mizwa“, das heißt „Sohn des Gebotes“. Ich werde beim Gottesdienst zum ersten Mal Verse aus der Thora lesen und bin dann ein erwachsenes Mitglied der Gemeinde. Für meine Schwester findet dieses Fest schon mit 12 Jahren statt und heißt „Bat Mizwa“ –„Tochter des Gebotes“. Der wichtigste Tag in der Woche ist für uns der Schabbat. Das ist ein Ruhetag, den Gott uns gegeben hat. Er beginnt am Freitagabend mit dem Entzünden der zwei Schabbatkerzen und endet am Samstagabend, wenn die ersten Sterne aufgehen.

Alexander spielt Theater

Im Verlauf des Jahres gibt es viele schöne Feste, die wir in der Gemeinde feiern. Vor allem beim Chanukka, dem Lichterfest, geht es sehr fröhlich zu. Wir führen kleine Theaterstücke oder Tänze auf. Manchmal gibt es auch einen Kinderchor. Schon Wochen vorher üben wir dafür in unserem Jugendzentrum „Lev Sahav“ in Elberfeld. Jeden Sonntag gibt es dort die Möglichkeit, andere Kinder zu treffen. Wenn wir nicht für ein Fest üben, macht unser Jugendleiter Angebote zum Spielen oder Basteln. Einmal im Jahr zum „Lag BaOmer“, das ist der 33. Tag nach „Pessach“, feiern wir ein großes Grillfest in einer Wuppertaler Gartenanlage. Alle Freunde aus den umliegenden Gemeinden kommen. Wir sind oft über 100 Kinder. Am Abend wird dann ein Holzblock angezündet. Wir stehen um den Holzblock herum, singen und hören die Geschichte vom Rabbi Hakiva und seinen Schülern.

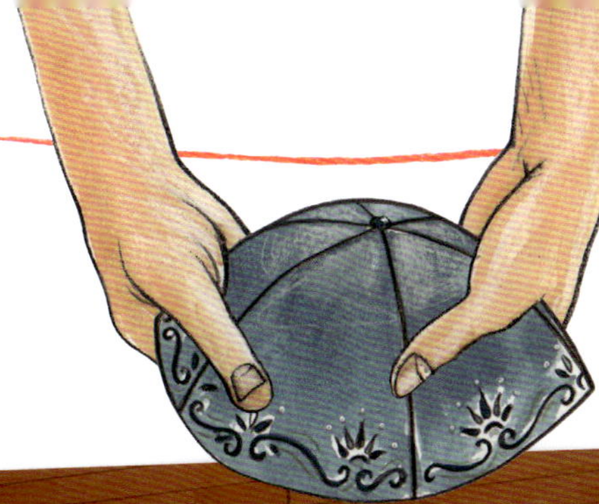

Was noch wichtig ist

Aus dem Judentum sind das Christentum und der Islam hervorgegangen. Die Juden feiern ihr Neujahrsfest im Herbst und es heißt „Rosch ha-Schanah“. Jedes Essen muss *koscher* sein. Was koscher ist, also erlaubt, steht im Alten Testament: Milchprodukte und Fleisch dürfen nicht zusammen gekocht und gegessen werden und Schweinefleisch ist verboten. Wenn Männer die Synagoge besuchen, tragen sie zur Kopfbedeckung eine kleine Kappe, eine *Kippa*. Gut zu wissen ist auch noch, dass man die hebräische Schrift von rechts nach links schreibt. Das bedeutet, dass ein Buch hinten beginnt und vorne aufhört.

In der Wuppertaler Synagoge

Und heute?

Judentum in Wuppertal

Die jüdische Kultusgemeinde in Wuppertal Barmen wuchs in wenigen Jahren von 65 auf über 2.000 Mitglieder. Direkt an der Synagoge bietet das **„Cafe Negev“** jüdische und israelische Speisen an, die natürlich koscher sind. Die **Begegnungsstätte „Alte Synagoge“** in Elberfeld ist das einzige jüdische Museum im bergischen Raum. Hier kannst du viel über die Geschichte des Judentums und des Nationalsozialismus lernen.

Melek erzählt

Wir nennen uns Muslime und glauben an Allah, den einen Gott, und an seinen Propheten Mohammed. Er hat den Menschen von Allah erzählt und die erste Gemeinde des Islam gegründet. Alles, was für uns wichtig ist, steht im Koran, unserer Heiligen Schrift. Deshalb lernen die Kinder früh, den Koran zu lesen. Der Freitag ist für uns Muslime ein besonderer Tag, wie der Samstag für Juden oder der Sonntag für Christen. In unserem Gebetshaus, der Moschee am Clef in Barmen, versammeln sich dann vor allem die Männer zum Freitagsgebet. Neben dem Beten und Lernen des Korans ist die Moschee auch der Ort, wo sich die Familien gerne treffen, reden und feiern. Von Geburt an gehören wir zur Gemeinschaft der Muslime und glauben, dass wir nach dem Tod wieder zum Leben auferweckt werden. Im neunten Monat des islamischen Mondkalenders haben wir Ramadan, unseren Fastenmonat. Hier sollen wir besonders an Allah denken und Gutes tun. Vom Sonnenaufgang bis zum Abend dürfen die Erwachsenen weder essen noch trinken. Für uns Kinder gilt das zum Glück noch nicht, das würde mir sehr schwer fallen.

Melek freut sich auf das Zuckerfest

Der Höhepunkt des Jahres ist das Ramadan-Fest oder Fest des Fastenbrechens, mit dem der Fastenmonat Ramadan endet. Alles ist sehr feierlich, die Wohnung ist frisch geputzt und wir ziehen unsere besten Sachen an. In unserer Moschee beginnt das Fest mit dem Gebet und wir danken Allah, dass wir das Fasten geschafft haben. Am schönsten ist es, mit der ganzen Familie zusammen zu sein, und so treffen sich alle bei meinen Großeltern, die zum Glück auch in Wuppertal leben. Wir freuen uns auf das leckere Essen und es gibt sogar Geschenke. Weil wir sehr viel Süßes essen, ist es für viele auch das „Zuckerfest". Meine liebsten Leckereien sind Baklava. Das sind kleine Teilchen aus Blätterteig, mit Nüssen gefüllt und mit Sirup übergossen. Bestimmt ist auch in deiner Nähe ein türkischer Lebensmittelladen, der Baklava verkauft. Du musst sie unbedingt probieren!

Was noch wichtig ist

Es gibt fünf Dinge, auch die *fünf Säulen des Islam* genannt, die jeder gläubige Muslim befolgt. Vor allem bekennen sie, dass sie an *Allah* glauben. Dazu gehört es, fünfmal am Tag zu beten. Das ist für Muslime im Beruf nicht einfach, da viele Nicht-Muslime dieses Gebot nicht verstehen. Kinder haben diese Gebetspflicht aber noch nicht. Wichtig ist, an Menschen zu denken, denen es schlechter geht. So geben Muslime regelmäßig etwas von ihrem Geld an die Armen. Einmal im Leben sollte man eine Pilgerfahrt nach *Mekka* machen. Im letzten Monat des Jahres findet dort das große Opferfest statt. Der Fastenmonat *Ramadan* gehört ebenfalls zu den fünf Säulen, die du nun alle kennst. Die Muslime feiern ihre Feste nach dem Mondkalender. Weil das Mondjahr kürzer ist als das Sonnenjahr, verschieben sich alle Fest-Termine jedes Jahr um etwa 11 Tage. In einer Moschee betet man immer in Richtung Mekka und der Prediger und Vorbeter der Muslime heißt *Iman*. Aber auch *Jerusalem* gilt als eine heilige Stadt. Denn dorthin reiste der *Prophet Mohammed* und stieg in den Himmel auf.

Die Merkez-Moschee an der Gathe

Und heute?

Islam in Wuppertal

In Wuppertal gibt es verschiedene islamische Gemeinden, die türkisch, arabisch oder deutsch sprechen.

Nur die **Merkez-Moschee** an der Gathe hat einen Turm, der **Minarett** genannt wird.

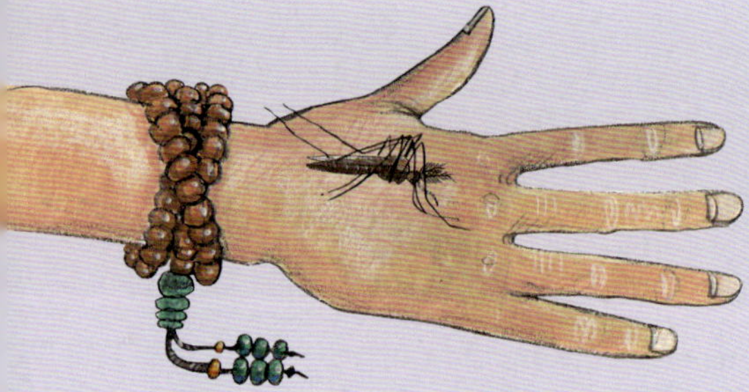

Nils erzählt

Vor zwei Jahren war ich mit meinen Eltern beim Tag der offenen Tür im Buddhistischen Zentrum Wuppertal. Nach einem Rundgang und leckerem Kuchen hörten wir die Geschichte von Buddha. Er war ein indischer Prinz und verließ den Palast, nachdem er Alter, Krankheit und Tod gesehen hatte. Er suchte und fand einen Weg, um den Menschen etwas Dauerhaftes zu geben, was ihnen im Leben und darüber hinaus helfen würde. Wie dieser Weg funktioniert, kann man hier lernen. Ich habe mir Bilder angeschaut und auf einem sogar eine Schwebebahn entdeckt. Du findest es in der Gompa, dem Raum, in dem meditiert wird. Weil die Meditation am Ende vorgelesen wurde, konnten wir gleich mitmachen. Seitdem sind meine Eltern oft im Zentrum und Papa haut keine Mücken mehr platt. Er pustet sie nun weg, zwinkert mir zu und redet vom guten Karma. Mir gefällt, dass ich selbst entscheiden kann, ob ich mitkommen will. Manchmal sitze ich gerne einfach da und schaue mir die Statue von Buddha an, ehe ich mit meinen Freunden spiele. Im Sommer fahren wir ins Allgäu, wo sich viele Buddhisten in einem riesigen Zeltlager treffen. Auch Lama Ole ist da. Wir gehen nacheinander hin und bekommen einen Segen. Wenn ich beim Lama bin, ist mir ganz warm ums Herz und ich fühle mich gut.

Nils erklärt Karma und Mantras

Karma ist das Naturgesetz von Ursache und Wirkung und du kannst es mit Handlung übersetzen. Egal, was du auch denkst, sagst oder tust, es kommt wieder zu dir zurück. Vielleicht kennst du auch das Sprichwort: Wie man in den Wald hineinruft, so schallt es heraus.

Mantras oder Schutzlaute sind wie die Telefonnummern der Buddhas und Lama Ole sagt manchmal, dass bei den Buddhas nie besetzt ist. Sie wirken für dich, ob du eine andere Religion ausübst oder auch an gar nichts glaubst. Mein liebstes Mantra ist „Om Mani Peme Hung". Es gehört zu einem Buddha namens „Liebevolle Augen". Du kannst es für dich selbst nutzen, weil es wie ein Radiergummi wirkt, der schlechte Gefühle entfernt. Es wirkt auch ganz leise gesprochen und sogar, wenn du es nur denkst. Mein Armband heißt Mala und damit kann ich die Mantras zählen, indem ich die Perlen drehe.

Im Meditationsraum:
Die Schwebebahn im Buddha-Bild

Und heute?

Buddhismus in Wuppertal

Das Zentrum in Wuppertal besteht seit 1979 und ist oft die erste Anlaufstelle, um mehr über Buddhismus zu erfahren. Es gehört zum **Tibetischen Buddhismus** (*Diamantweg*) und wurde von *Lama Ole Nydahl* gegründet, der auf Wunsch seines eigenen Lehrers seit 1973 dessen Lehren weitergibt. Von der Straße aus sieht man einen *Stupa* im Garten. Dieses besondere Bauwerk stellt einen Buddha ebenso dar wie ein Bild oder eine Statue. In der westlichen Welt ist so etwas sehr selten.

Auch andere buddhistische Strömungen sind vorhanden. Der **Zendo Wuppertal e.V.** beispielsweise lädt zum Meditieren ein, hier zu einer Zen-Meditation.

Was noch wichtig ist

Ein indischer Prinz namens *Siddhartha Gautama* erkannte vor über 2.600 Jahren, dass alle fühlenden Wesen glücklich sein und Leid vermeiden wollen. Nachdem er viel meditiert hatte, wurde er zum *Buddha*, zum *Erwachten*. Danach war er frei von Furcht, dafür aber voller Freude und Mitgefühl. Nachdem er wusste, wie das geht, gab er seine Erfahrungen 45 Jahre lang weiter. So gelang es, dass auch andere diesen erwachten Zustand erreichten und selbst zum Buddha wurden. Seine Schüler waren ganz unterschiedlicher Art und bekamen von ihm daher auch verschiedene Belehrungen, um sich zu entwickeln. Von damals bis heute entstanden unzählige buddhistische Richtungen. Einer der heute bekanntesten Buddhisten weltweit ist der *14. Dalai Lama*.

Indra erzählt

Meine Familie ist vor vielen Jahren von Indien nach Wuppertal gekommen. Wir nennen uns Hindu und verehren viele Götter und Göttinnen. Vor allem aber glauben wir an die göttliche Kraft Brahman, die alles durchströmt und lenkt. Überall in unserer Wohnung findest du kleine Statuen oder Bilder von Göttern. Um unsere Götter zu verehren und anzubeten, brauchen wir keinen öffentlichen Ort. Da nur wenige Hindus in Wuppertal leben, gibt es hier auch keinen Tempel. In der Ecke unseres Wohnzimmers steht ein kleiner Altar mit einer großen Figur von Ganescha, dem Gott der Weisheit und des Friedens. Er hat den Kopf eines Elefanten, den eine prächtige Krone schmückt. Wir beten jeden Tag zu ihm und bitten für alle Dinge in unserem Leben, die uns beschäftigen. Der Altar wird mit Blumen oder Früchten geschmückt und kleine Öllampen und Räucherstäbchen werden angezündet. Am Altar liegt auch ein kleines Büchlein mit unseren ältesten Gebeten, den Veden, und eine Glocke, die zum Gebet geläutet wird. Wir Hindu glauben daran, dass es einen ewigen Kreislauf des Lebens gibt und wir nach dem Tod wiedergeboren werden. Alles, was wir in unserem Leben tun, hat Einfluss auf unser nächstes Leben. Darum versuchen wir so zu leben, wie es den Göttern gefällt. Dazu gehören auch unsere große Gastfreundschaft und Pilgerfahrten zu den verschiedensten Orten. Wenn ich erwachsen bin, möchte ich auf jeden Fall einmal zum Fluss Ganges, das ist ein heiliger Fluss in Indien.

Indra und ihr Glückspunkt

Wir Hindus kennen viele schöne Feste. Mein liebstes ist „Divali", das Lichterfest im Herbst. Wir feiern es zu Ehren der Göttin Lakshmi, die uns Glück und Wohlstand bringen soll. Schon der Eingang ist mit Blumen und Kerzen geschmückt, um Lakshmi in unserem Haus willkommen zu heißen. Überall strahlen Kerzen und Lichterketten und tauchen alles in ein warmes Licht. Zu unserem Festessen am Abend sind die ganze Familie und unsere Freunde versammelt. Meine Mutter und ich ziehen unseren besten Sari an und schmücken uns mit einem roten Glückspunkt auf unserer Stirn. Nach dem Essen gibt es auch noch kleine Geschenke und dann spielen und singen wir bis in die Nacht.

Was noch wichtig ist

Der Hinduismus ist die älteste Religion überhaupt und „Om“ ist das wichtigste Wort. Es steht für das Leben vom Beginn bis zum Tod. Die Lehrer, die alles über die Schriften wissen, werden *Gurus* genannt. *Kühe* sind für die Hindus *heilige Tiere*. Man darf sie nicht essen und Autofahrer halten an, wenn Kühe auf der Straße stehen. Die meisten Hindus essen überhaupt kein Fleisch. Das traditionelle Kleidungsstück der Frauen heißt *Sari*. Es besteht aus einem fünf bis sechs Meter langen rechteckigen Tuch und wird in kunstvoller Weise um den Körper gewickelt.

Und heute?

Hinduismus in Wuppertal

Es gibt in Wuppertal nur wenige Hindus, die ihren Glauben daheim leben, wie Indra schon berichtete. Aber manchmal besuchen sie sicher den **Hindutempel in Hamm**. Er ist der größte in ganz Europa.

Details eines hinduistischen Altars

Lied der Religionen

Refrain
Woran glaube ich?
Woran glaubst denn du?
Religionen suchen nach Antwort immerzu.

Woran glaubst denn du?
Woran glaube ich?
Was sagen Religionen,
das frage ich mich.

Wie fing alles an?
Wo geht es hin?
Was hat das Leben für einen Sinn?

Was geschieht mit mir nach dem Leben?
Wie können wir Gemeinschaft geben?

Refrain
Woran glaube ich? ...

Für Juden und Muslime,
gibt's nur einen Gott.
Hindus kennen viele,
die helfen in der Not.

Kippa und nen Teppich,
Licht im Hausaltar,
nimmt man zum Beten,
und das Mandala.

Refrain

Tora und die Bibel,
Veden und Koran,
sieht man als Heilige
Schriften an.

Man betet in Häusern,
Synagoge und Moschee,
im Tempel und der Kirche,
gibt's auch mal nen Tee.

Refrain:
Woran glaube ich?
Woran glaubst denn du? ...

Feste gibt es viele, im Leben und im Jahr.
Am Anfang und Ende, feiert man - ja klar!

Juden feiern Pesach, Ostern ein Christ,
Ramadan Muslime, Vesak der Buddhist.

Refrain
Woran glaube ich?
Woran glaubst denn du? ...

Juden und Muslime, essen kein Schwein.
Und für die Hindus darf s kein Rind sein.

Rad und Davids Stern, Halbmond, Kreuz und
Om, das sind Symbole einer Religion.

Refrain
Woran glaube ich?
Woran glaubst denn du? ...

UNSERE LIEBLINGSFESTE
2021
Maja
Alexander
Melek
Nils
Indra
Winter
Weihnachten
Losar
Mahashivarati
Frühling
Ostern
Pessach
MAZZEN
Zuckerfest
Vesakh
Holi
Sommer
HONIG
RoschHaSchana
Id al-Adha
Divali
Herbst
Erntedankfest
Chanukka
MOHAMMED
Merlid Kandili
Pavarana

Wuppertals Berühmtheiten

Von mutigen Menschen, großen Künstlern und einer süßen Leidenschaft

Wenn du aufmerksam durch Wuppertal gehst, kannst du an vielen Gebäuden, Straßen oder Plätzen die Namen berühmter und wichtiger Persönlichkeiten aus Wuppertals Vergangenheit entdecken. Ob als Erfinder, Politiker oder Künstler, sie alle haben etwas Besonderes geschaffen oder sich für das Wohl der Stadt und ihrer Einwohner eingesetzt. Wuppertal wäre anders ohne sie. Von einigen Persönlichkeiten haben wir schon ausführlich berichtet, andere möchten wir dir nun kurz vorstellen. Vielleicht machst du dich in unserer Stadt einmal auf die Suche nach ihren Spuren. Wer weiß, vielleicht entdeckst du dabei noch andere spannende Wuppertaler Namen …

Wer diesen Schulen ihren Namen gab

Ganztagsgymnasium Johannes Rau

Johannes Rau (1931–2006) war zunächst Buchhändler und Verleger in Wuppertal. Nach kurzer Amtszeit als Oberbürgermeister arbeitete er acht Jahre als Minister, bevor er 1978 zum Ministerpräsidenten von Nordrhein-Westfalen ernannt wurde. Von 1999 bis 2004 war er der achte deutsche Bundespräsident. Nach ihm wurden die Wichlinghauser Förderschule und seine ehemalige Schule, das Barmer Gymnasium in der Siegesstraße, benannt.

Wilhelm-Dörpfeld-Gymnasium

Wilhelm Dörpfeld (1853–1940) war Architekt, Archäologe und Leiter der Grabungen in Olympia/Griechenland. Als Mitarbeiter von Heinrich Schliemann arbeitete er bei den bekannten Ausgrabungen von Troja mit. Das Elberfelder Wilhelm-Dörpfeld-Gymnasium trägt seit 1938 den Namen seines ehemaligen Schülers.

Gesamtschule Else Lasker-Schüler

Else Lasker-Schüler (1869–1945) widmete sich nach ihrer zeichnerischen Ausbildung immer mehr dem Schreiben von Gedichten und Theaterstücken. Ihr erstes Schauspiel „Die Wupper“ wurde sogar in Berlin aufgeführt. Als Jüdin wurde sie von den Nazis verfolgt und ausgewiesen. 1945 starb sie in Israel und ist bis heute eine der bedeutendsten Dichterinnen dieser Zeit. Nach ihr wurde die Gesamtschule in Elberfeld benannt. Im ehemaligen Wohnhaus der Schriftstellerin befindet sich die Else-Lasker-Schüler-Gesellschaft. Sie setzt sich für verfolgte Künstler aus aller Welt ein.

Welche Menschen sich im Namen von Straßen und Plätzen wiederfinden

Bernhard-Letterhaus-Straße

Bernhard Letterhaus (1894–1944) wuchs als gläubiger Christ in Barmen auf. Er machte zunächst eine Ausbildung zum Bandweber, bevor er sich in den katholischen Arbeitervereinen engagierte. Schon früh rief er zum Widerstand gegen die Nazis auf und gehörte nach Kriegsausbruch zu den führenden Widerstandskämpfern. Nach dem Attentat auf Adolf Hitler wurde er verhaftet und in Berlin-Plötzensee erhängt. Neben dieser Straße trägt auch die Hauptschule Ost den Namen von Bernhard Letterhaus.

Von-der-Heydt-Platz

August von der Heydt (1851–1929) entstammte einer angesehenen Elberfelder Bankiersfamilie. Er liebte seine Heimatstadt. Großzügig unterstützte er viele soziale und kulturelle Projekte. Gemeinsam mit seinem Bruder Eduard schenkte er der Stadt Kunstwerke aus seiner Sammlung, die heute im Von der Heydt-Museum zu sehen sind. Außerdem ermöglichte er die Errichtung des Zoologischen Gartens und des Staatsforstes Burgholz. Der nach ihm benannte Platz mit den Wasserspielen befindet sich in der Elberfelder Fußgängerzone.

Deweerthstraße

Die Deweerthstraße ist der Elberfelder Familie de Weerth gewidmet, der mehrere Bürgermeister und wohlhabende Kaufleute entstammen. Peter de Weerth (Bild) ließ 1802 am Brill eine große Gartenanlage bauen. Der heutige Deweerthsche Garten war ein Teil davon und wurde 1930 für die Öffentlichkeit freigegeben. Wilhelm de Weerth (1866–1943) war langjähriger Vorsitzender des Bergischen Geschichtsvereins und hat viele Bücher über die Wuppertaler Geschichte geschrieben.

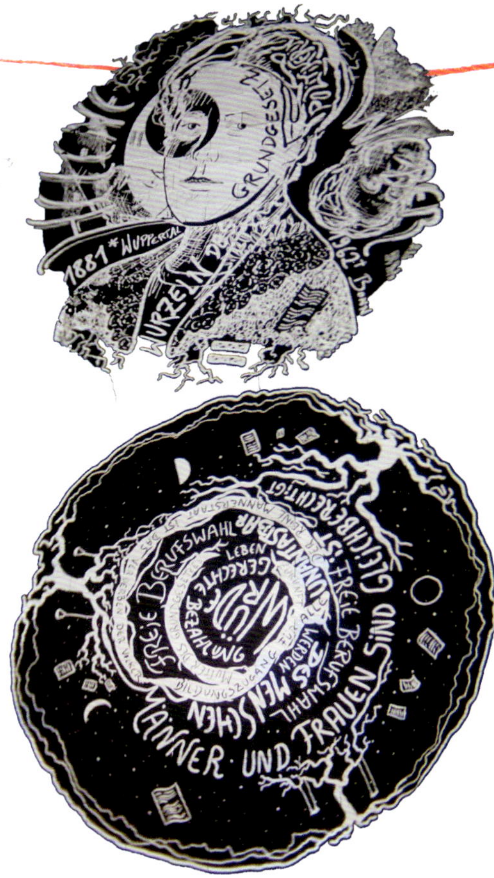

Lichtinstallation Helene-Weber-Platz von Gregor Eisenmann

Wie ungerecht es damals war

„Vor dem Gesetz sind alle gleich.“ Diesen Satz hast du sicher schon einmal gehört. Er steht im 3. Artikel unseres Grundgesetzes. Dass Männer und Frauen die gleichen Rechte und Möglichkeiten haben, war früher nicht selbstverständlich. Lange durften Frauen keinen Beruf ausüben, sich nicht an Wahlen beteiligen und kein eigenes Konto führen.

Wie sich Helene Weber für Frauenrechte eingesetzt hat

Helene Weber war eine kämpferische Politikerin aus Elberfeld, die sich besonders für die Rechte der Frauen einsetzte und dafür sorgte, dass dies 1949 in unserem Grundgesetz festgehalten wurde. Sie und drei andere Mitstreiterinnen werden als „Mütter des Grundgesetztes“ bezeichnet.

Was in Stein gemeißelt wurde

Auf dem nach ihr benannten Platz wurde Helene Weber 2021 ein besonderes Denkmal gesetzt.
„Frauen und Männer sind gleichberechtigt“ so steht es nun auf 10 Natursteinplatten, die Kinder aus dem Bezirk in ihrer Sprache geschrieben haben. Ein Wandbild und ein Lichtstrahler gehören auch zum Denkmal. Wenn es dunkel ist, sind an der Hausfassade schöne Bilder zu sehen, die etwas über Helene Weber und die Menschenrechte erzählen.

Warum du über diese Steine stolpern sollst

Sind dir schon einmal kleine goldene Messingplatten vor einem Haus aufgefallen? „Stolpersteine“ nennt man sie auch. Es sind Gedenktafeln, die an Menschen erinnern, die während der Zeit des Nationalsozialismus wegen ihres Glaubens oder ihrer Überzeugung verfolgt wurden. Ganze Familien wurden in Lager verschleppt und ermordet. Meist liegen die kleinen Tafeln im Gehweg vor dem Haus, in dem diese Menschen zuletzt gewohnt haben. Dort können wir den Namen, das Geburtsjahr und etwas über ihr Schicksal erfahren.

In Wuppertal sind ca. 200 solcher Stolpersteine in allen Stadtteilen zu finden.

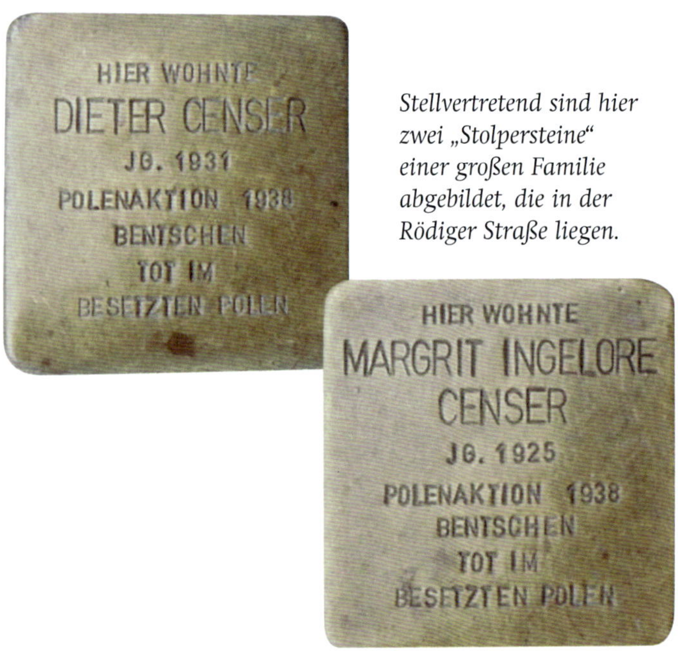

Stellvertretend sind hier zwei „Stolpersteine“ einer großen Familie abgebildet, die in der Rödiger Straße liegen.

Unsere Wuppertaler Originale

Als Wuppertaler Kind hast du bestimmt die Namen Husch-Husch, Mina Knallenfalls oder Zuckerfritz schon einmal gehört. Bekannt sind sie als die Wuppertaler Originale, die durch ihre besondere Art und ihre unverwechselbaren Eigenschaften bis heute in den Köpfen und Herzen der Menschen sind. Aber kennst du auch Tante Hanna, die gute Seele der armen Menschen im „Elendstal“?

Weitere Originale:

Kob Hannes	***Schöller***
Schmeer Emma	***Uellendahl***
Schulten Fritz	***Wichlinghausen***
Karl Biebighäuser	***Barmen***
Hahnenwilm	***Langerfeld***
Gottlob Espenlaub	***Langerfeld***

Wittib Hammerstein, de fule Äu, Planten Liss, Karl Krall...

Originale haben Ihre Zeit und ihre Umgebung so geprägt, dass sie lange in Erinnerung bleiben. Wenn Du selber mehr über die Menschen herausfindest, lernst Du neue Aspekte der Wuppertaler Geschichte kennen.

Der Zuckerfritz

Fritz Poth war ein echter Typ: Schon von Weitem konnte man die große, dünne Gestalt im viel zu kurzen Anzug erkennen. Natürlich durften auch die Kappe und das graue Seidentuch nicht fehlen. Er kam aus ärmlichen Verhältnissen und verdiente sich etwas Geld als Laufbursche. Dabei ließ er sich gerne Zuckerstückchen und andere Leckereien zustecken. Jeder wusste von seiner süßen Leidenschaft, die ihm den Spitznamen „Zuckerfritz“ einbrachte. Oft stand er am Bahnhof und bot seine Dienste beim Gepäcktransport an. Ein Gesangverein hatte ihm dazu extra eine „Schuffkarr“ (Schubkarre) geschenkt. Auf die war er mächtig stolz. Nicht nur Gepäck, auch manchen Fahrgast fuhr er darin für ein kleines Trinkgeld und ein Zuckerstückchen nach Hause. Die Kinder liebten den „Zuckerfritz“ und begleiteten ihn gerne bei seinen Fahrten mit der „Schuffkarr“.

Zuckerfritz (1830–1906), Bronzefigur von Ulle Hees

Husch-Husch

Peter Held war ein Stadtstreicher aus Heckinghausen. An seinem abgetragenen dunklen Anzug, der Weste, dem langen Mantel und seinem Schlapphut erkannte ihn jeder gleich. Auch seinen Spazierstock hatte er immer dabei. Mit ihm drohte er den Kindern, wenn sie hinter ihm herriefen: „Husch-Husch.“ Unter diesem Namen kannte ihn bald jeder Wuppertaler. In einem alten Margarinekarton verstaute er die typischen „Barmer Artikel“, wie Bänder und Litzen, aber auch Wäsche- und Kragenknöpfe und vieles mehr. An viele Haustüren klopfte er und versuchte, seine Waren zu verkaufen. Wenn er wenig verkaufte, wurde er zornig und dann ging man ihm lieber aus dem Weg. Trotzdem erinnern sich noch viele Wuppertaler an ihn und

Husch-Husch (1886–1953), Bronzefigur von Klaus Burandt

haben sogar eine Bronzefigur in der Fußgängerzone Werth in Barmen aufstellen lassen.

Mina Knallenfalls

Wenn du vom Döppersberg in die Innenstadt von Wuppertal gehst, läufst du auf die Bronzefigur der Mina Knallenfalls zu. Sie ist einer Geschichte des Heimatdichters *Otto Hausmann* nachempfunden. Er beschrieb darin das Leben seiner Großmutter, der es wie vielen anderen Frauen in der Zeit der frühen Industrialisierung erging. Geboren wurde sie ebenso wie ihre 12 Geschwister im Armenviertel „Auf der Fuhr“, dem heutigen Islandufer. Da der arbeitslose Vater trank, musste Mina früh mitarbeiten, um die Familie zu ernähren. Nach ihrer Heirat bekam sie viele Kinder von einem Mann, der ebenfalls arbeitslos und dem Alkohol verfallen war. Das Reiben an Minas Bronzehinterteil soll reichen Kindersegen versprechen. Schau dir einmal an, wie blank poliert die Figur an dieser Stelle ist.

Mina Knallenfalls, Bronzefigur von Ulle Hees

Tante Hanna

Johanna Faust war die gute Seele der ärmsten Zuwanderer, die im Elendstal nahe dem heutigen Zooviertel in Höhlen und Holzhütten wohnten. Die 1825 geborene Volksmissionarin erkannte, dass Gottesglauben allein den Menschen nicht half. Sie sammelte und erbettelte unermüdlich die Dinge des täglichen Bedarfs und erreichte sogar, dass Häuser und eine Kirche gebaut werden konnten. Kinder nannten sie bis zu ihrem Tod im Jahr 1903 liebevoll „Tante Hanna“.

Da bist du platt!

Schon vor den Lebzeiten der Originale war Umgangssprache üblich. Es handelte sich um eine Mundart, die in den einzelnen Stadtteilen unterschiedlich ausgesprochen und geschrieben wurde. Bis heute ist „Dat Dahler Platt" gegenwärtig. Lass die älteren Menschen in deiner Umgebung ruhig Platt mit dir ***kallen*** *(sprechen). Vielleicht bist du dann platt, wie viel (oder wenig) du verstehst! Bücher lassen sich ebenso finden wie ab und an eine Textstelle in der Zeitung. Lieder werden auf Platt gesungen und ganze Plattkaller-Abende veranstaltet. Versuch dich einmal an folgender Kurzgeschichte:*

As Tünnes und Pitter sek trofen, fongen se dobie oppe Stroote en Ziesken. „Domet können vie doh dän Bangböxe van nevenan verschrecken", freuten sek Pitter ad schonn. „Nee du, dä können vie doch nit verhonnepiepeln. De Ollen werden us dann reit pisacken, wenn dat es rut kömmt." „Ach Tünnes, ek klamüser do noh wat ut, domit die us nit krennt." Tünnes nickte un se deelten sek de mitgebreiten Bötterkes un Klömmkes.

Solltest du nichts verstanden haben, hier die Auflösung auf Hochdeutsch:

Als Anton und Peter sich trafen, fanden sie dabei einen kleinen Feuerwerkskörper. „Damit können wir doch den Angsthasen von nebenan erschrecken", freute sich Peter auch schon. „Nee, du, den dürfen wir doch nicht mehr veralbern. Wir bekommen nur Ärger von den Eltern, wenn das rauskommt!" „Ach, Anton, ich überlege mir da was, damit sie uns nicht erwischen." Peter nickte und sie teilten sich ihre mitgebrachten Butterbrote und Bonbons.

Mit der Schwebebahn durchs Tal

Von genialen Erfindern, stählernen Ungeheuern und modernen Zeiten

Wie selbstverständlich schwebt seit mehr als 100 Jahren ein Verkehrsmittel durch das Tal der Wupper und ist zu einem berühmten Wahrzeichen der Stadt geworden. Dabei schwebt diese Hochbahn gar nicht im technischen Sinne, sondern ist eine Einschienen-Hängebahn. Als sie Anfang des 20. Jahrhunderts gebaut wurde, galt sie laut Preußischem Kleinbahngesetz sogar erst als eine Art Eisenbahn. Später wurde sie als Straßenbahn eingeordnet und heute fährt sie als Straßenbahn „besonderer Bauart“. Und genau so ist es: Die Wuppertaler Schwebebahn war, ist und bleibt verkehrstechnisch etwas ganz Besonderes. Ob ihr Erfinder wohl ahnte, dass er weit mehr als ein praktisches Verkehrsmittel erschaffen hatte? Denn die Schwebebahn fährt nicht nur von A nach B, sie verbindet zugleich Geschichte und Zukunft der Stadt.

Modellbaukasten der Schwebebahn um 1900 (Postkarte)

Der junge Eugen Langen (1833–1895)

Wer sich die Schwebebahn ausdachte

Schon mit 17 Jahren studierte Eugen Langen Maschinenbau und Technologie. In Deutz bei Köln gründete er die weltweit erste Gasmotorenfabrik, dachte sich als Sohn eines Zuckerfabrikanten neue Methoden zur Zuckerherstellung aus und beschäftigte sich in einer Waggonfabrik mit dem Bau von Schienenfahrzeugen. Einiges ließ er sich patentieren und so kam er zu dem Spitznamen „Patent-Langen“. Anfang der 1890er-Jahre hatte er die Idee, Personen in an Schienen aufgehängten Wagen zu befördern und errichtete in Deutz eine Teststrecke für dieses noch namenlose „Ding“. 1892 nannte er das Ding *Schwebebahn* und meldete es zum Patent an. 1894 beschlossen die Elberfelder und Barmer Stadtverordneten, diese Bahn zu bauen. 1895 gab auch der Vohwinkeler Bürgermeister sein Einverständnis. Fast zur gleichen Zeit entschied man sich auch in Dresden für eine Berg-Seilschwebebahn von Eugen Langen. Sie fährt ebenfalls noch heute; die Strecke ist allerdings nur 274 Meter lang. Den Bau, die Einweihung und den Erfolg der Wuppertaler Schwebebahn erlebte der Erfinder nicht mehr: Er starb 1895 an einer Fischvergiftung.

Die Kosten des Schwebebahnbaus

*Insgesamt **16 Millionen Goldmark** investierte die mit dem Bau beauftragte **Continentale Gesellschaft für elektrische Unternehmungen**. Eine gewaltige Summe Geld, denn eine Goldmark war damals so viel wert wie heute ungefähr 10 Euro! Für ein so teures Bauprojekt waren die besten Baufirmen und Bauarbeiter gerade gut genug. Berechnungen und Simulationen am Computer gab es noch nicht. Ob alles so funktionierte und hielt, wie von den klugen Köpfen geplant, musste im Testbetrieb ausprobiert werden.*

Warum viel Stahl und Muskelkraft im Gerüst stecken

Der Stahlbau war gegen Ende des 19. Jahrhunderts noch wenig erprobt. Umso beachtlicher ist die damalige Leistung der Konstrukteure und Bauarbeiter. Ohne die heute üblichen technischen Hilfsmittel war viel Muskelkraft erforderlich. Gebaut werden konnte nur, wenn die Wupper wenig Wasser führte. Dann rammten die Arbeiter Holzpfähle in das Flussbett, um auf ihnen ein Podest für ein behelfsmäßiges Gerüst zu bauen. Außerdem hat sich der Direktor der Maschinenfabrik Augsburg-Nürnberg Anton Rieppel die „Rieppel-Träger" patentieren lassen. Diese wurden zwischen schräg gestellte Stützenpaare eingehängt. Fast 20.000 Tonnen Eisenstahl wurden so bis zum Ende der Bauzeit verarbeitet.

Wie lange die Bauarbeiten dauerten

1898 begann der Bau. Viele Schaulustige bestaunten das „Stahlungeheuer", das sich an der Wupper entlangzuschlängeln begann.
1901 konnte die erste Teilstrecke mitsamt Bahnhöfen zwischen den Stationen Zoologischer Garten und Kluse offiziell eröffnet werden, auf der das Kaiserpaar bereits 1900 feierlich hatte schweben dürfen. Ein paar Wochen später war auch die Strecke vom Zoo bis zur Station Vohwinkel fertig. 1903 folgte der Abschnitt zwischen Kluse und Rittershausen (heute Oberbarmen). Nun fuhr die Schwebebahn durchs ganze Tal.

Die Schwebebahn als Motiv auf Blechdosen der Elberfelder Firma Bauer, die Hustasin-Hustenbonbons herstellte

Was die Menschen im Tal vom Schweben hielten

Obwohl es anfangs einige Schwebebahngegner im Tal gegeben hatte, gewöhnten sich die Barmer, Elberfelder und Vohwinkeler schnell an ihr unvergleichliches Verkehrsmittel und nutzten es fleißig. Während des Ersten Weltkriegs konnte der Betrieb aber nur mit großen Schwierigkeiten aufrechterhalten werden. Viele Männer waren an der Front, und so gab es nicht nur weniger Fahrgäste, sondern auch kaum ausgebildetes Personal. Doch nach Kriegsende wurde so viel wie nie zuvor geschwebt, sodass die Station Döppersberg die Menschenmengen kaum mehr fasste. Deshalb bekam Elberfeld 1926 einen neuen geräumigen Schwebebahnhof, der noch heute genutzt wird. In den 1930er-Jahren fuhren jedoch viele Menschen lieber mit der günstigeren Reichsbahn. Damit mehr Wuppertaler in die Schwebebahn stiegen, wurde Reklame gemacht – mit Erfolg, denn die schwebenden Wagen füllten sich wieder.

Die Schwebebahn im Zweiten Weltkrieg

*Mehrmals wurde die Schwebebahn in den Kriegsjahren von Bomben getroffen, die Bahnhöfe, Brücken und Stützen zerstörten. Dennoch blieb die Schwebebahn in Betrieb, konnte aber nicht durchgängig auf der ganzen Strecke fahren. Nach den **Luftangriffen** auf Barmen und Elberfeld im **Jahr 1943** waren zwei Bahnhöfe ausgebrannt und viele Stützen stark beschädigt. Ende 1944 fielen in der Neujahrsnacht Bomben auf die Station Vohwinkel und die Wagenhalle. Kaum waren die schwersten Schäden repariert, brachte der März 1945 kurz vor Kriegsende weitere Bombenangriffe, durch die das Gerüst im Bereich Wupperfeld einstürzte und die Wagenhalle in Oberbarmen Feuer fing. Nach dem Krieg begann der **Wiederaufbau der Schwebebahn** und so konnte ein Jahr später die ganze Strecke wieder befahren werden. Allerdings verzichtete man zunächst auf den Wiederaufbau der Stationen **Alexanderbrücke** (heute **Ohligsmühle**) und **Kluse**.*

Welche Neuerungen die Nachkriegszeit brachte

Endlich konnte wieder unbesorgt geschwebt werden. Wäre da nur nicht der Rost gewesen, der schon mehrere Jahrzehnte an Gerüst und Stützen nagte. Der Lack war an vielen Stellen ab und das sollte sich mit dem Projekt „Großanstrich“ ändern. Tatsächlich war einiges rund um die Schwebebahn ein wenig in die Jahre gekommen und musste modernisiert werden. Strom- und Fahrschienen sowie Signalanlagen erneuern, Gerüste umbauen, neue Stützen anbringen, den Bahnhof Rathausbrücke durch die Station Alter Markt ersetzen und alte gegen neue Wagen austauschen – es gab immer viel zu tun. Manchmal waren es nur kleine Wartungen und Reparaturen, oft aber auch sehr umfangreiche Maßnahmen. Doch die richtigen Großprojekte warteten in ferner Zukunft. Wenn du umblätterst, erfährst du noch mehr Erstaunliches und Wissenswertes über die alte und die zukünftige Schwebebahn.

Kurioses von der Schwebebahn

Es gibt so viele bemerkenswerte und erstaunliche Geschichten über die Wuppertaler Schwebebahn – schade, dass nicht alle hier Platz finden können.

Wusstest du zum Beispiel, dass …

… manche Barmer die Schwebebahn komplett ablehnten? *Sie wollten das neue, schnelle Verkehrsmittel nicht, weil die Barmer damit viel zu leicht nach Elberfeld gelangen konnten.*

… sich der erste Unfall mit der Schwebebahn schon 1903 ereignete? *Ein Fuhrmann stieg auf seinen hoch mit Heu beladenen Pferdewagen, um eine Plane darüberzubreiten. In diesem Moment nahte eine Schwebebahn und schob ihn unsanft herunter.*

… es 1923 Zollkontrollen in der Schwebebahn gab? *Vohwinkel war von den Franzosen besetzt und bei der Station Hammerstein verlief die Grenze, an der Ausweise und Gepäckstücke vorgezeigt werden mussten.*

… die Wuppertaler Schwebebahn in einigen Schlagern besungen wurde? *1924 sang Fritz Hiddessen „Mädel, fahr mit mir Schwebebahn!" und 1970 trällerte Bonnie St. Claire aus den Niederlanden „In der Wuppertaler Schwebebahn".*

… Elefant Tuffi im Jahr 1950 eigentlich nicht mit der Schwebebahn hätte fahren dürfen? *Tuffi fuhr aber trotzdem mit, sprang in Höhe des Opernhauses aus dem Wagen in die Wupper und überstand den Fall nur mit viel Glück fast unverletzt. Der Zirkusdirektor und der Leiter der Wuppertaler Verkehrsbetriebe mussten als Verantwortliche eine Geldstrafe zahlen.*

… der Störstein von Tuffi beim Hochwasser 2021 kurz verloren geglaubt war? *Damit die Wupper sich frei entfalten kann und so mehr Lebensraum für Natur und Tiere bietet, fanden mehrere Störsteine in Tierform ihren Weg in die Wupper. Biber, Lachs & Co sorgen zum Beispiel dafür, dass das Wasser mal langsamer, mal schneller fließt und wollen von dir entdeckt werden! Tuffis Standort findest du leicht, wenn du weißt, wo der Elefant damals gesprungen ist.*

Welche Folgen der große Umbau hatte

Viele weitere Jahre fuhr die Schwebebahn quietschend durch das Tal. Die Wagen wurden dabei hin und wieder durch neue Baureihen ersetzt. Ab 1979 wurden Teile des Gerüsts erneuert und ab 1995 begann der komplette Austausch von Bahnhöfen, Schienen und Stützen, der 2014 abgeschlossen wurde. Dabei brachte man alles auf den neuesten technischen Stand. So gibt es seitdem an allen Bahnhöfen Aufzüge und digitale Anzeigen. Durch die „Flüsterschienen" verschwand sogar das quietschende Geräusch der Bahnen. Leider ereignete sich auch der bislang einzige Unfall mit Todesfolge während dieser Umbauphase. Am 12. April 1999 entgleiste der erste Wagen Richtung Oberbarmen, weil Bauarbeiter eine Kralle in der Fahrschiene vergessen hatten, und stürzte auf Höhe der Station Robert-Daum-Platz in die Wupper. Bei diesem tragischen Unglück starben fünf Personen, viele weitere wurden verletzt.

Schwebebahndenkmal im Barmer Nordpark

Aus luftiger Kranhöhe fotografiert: Eine neue Brücke für die Kaiserstraße

Was aus den alten Teilen geworden ist

Einige der aussortierten Wagen stehen als Geschenke in unseren Partnerstädten und andere wurden verkauft. Hier in Wuppertal entstand sogar ein Schwebebahnbistro mit vielen Leckereien. Auf dem Rott in Barmen steht eine Uhr auf einer ehemaligen Stütze der Schwebebahn und im Nordpark findest du ein weiteres Bauteil. Andere Stücke befinden sich im Schwebebahnpark, direkt vor der Endstation Vohwinkel.

Beachtliches rund um die Schwebebahn
Verarbeitet in der neu aufgebauten Station Werther Brücke:

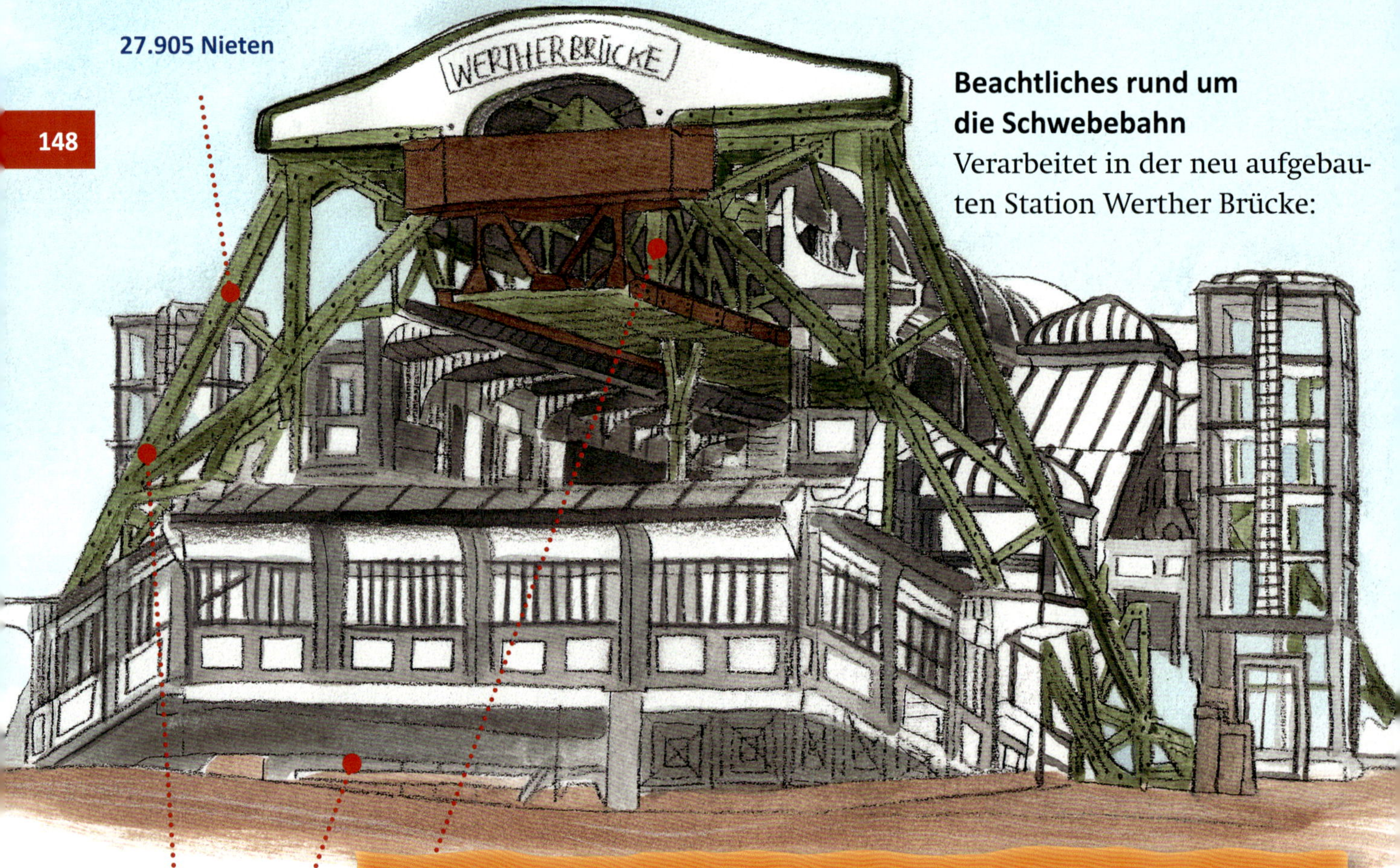

Noch mehr Zahlen und Fakten:

Stationen insgesamt: *20*
Verarbeiteter Stahl beim Bau: *19.200 Tonnen*
Verarbeiteter Stahl beim Umbau 1995–2014: *ca. 40.000 Tonnen*
Länge: *13,3 km*
Strecke über der Wupper: *10 km*
Strecke über der Straße: *3,3 km*
Gleislänge: *28 km*
Höhe: *8 bis 12 m*
Gelenktriebwagen: *27*
Gelenktriebwagen der neuen Generation ab 2015: *31*
Länge der Wagen: *24 m*
Breite der Wagen: *2,20 m*
Breite der neuen Generation ab 2015: *etwas breiter*
Sonderfahrzeug: *1 Kaiserwagen*
Fahrgäste täglich: *ca. 80.000*
Fahrgäste bislang: *über 1,6 Milliarden – jährlich mehr als 23 Millionen*

Was bei der neuen Schwebebahnflotte anders ist

Nach über 40 Jahren wurden die alten Schwebebahnwagen ausgewechselt. Die 2016 in Betrieb genommene neue Generation schwebt einheitlich in Hellblau durchs Tal. Mit mehr Platz und einer besseren Belüftung sowie Rampen für Rollstuhlfahrer fuhren die Wagen los. Doch wie sich oft erst in der Praxis zeigt, gab es zu Anfang einige technische Probleme. Die Räder und Schienen wiesen schnell Zeichen von Abnutzung auf und es wurde mit allen Mitteln daran gearbeitet, das zu beheben. Einige Zeit mussten die Wuppertaler sogar ganz auf ihr Wahrzeichen verzichten, aber inzwischen schwebt es wieder, worüber sich alle sehr freuen! Vielleicht ist einmal ein Platz ganz hinten für dich frei, um durch eines der neuen Panoramafenster die Aussicht zu genießen?

Schwebebahnwagen der neuesten Generation

Bemerkenswert

Es gibt einen Audioguide auf **www.schwebebahn.de/mediathek** Einfach den QR-Code scannen und an deiner Station mit dem Hören beginnen. So hast du die Geschichten im Ohr, während du zeitgleich an der Stelle vorbeischwebst, von der berichtet wird. Wenn du die Herausforderung magst, höre doch einfach auch mal die englische Version!

Wagen Nummer 5 der Baureihe 1900 trägt den stolzen Namen **Kaiserwagen**, denn in ihm schwebte einst das Kaiserpaar durch die Lüfte. Mit einer Kaiserwagenfahrt kannst du dich an alte Zeiten erinnern. Infos unter **www.kaiserwagen.de.**

Unterwegs in Wuppertal

Von steilen Treppen, flachen Trassen und viel Verkehr

So bequem das Schwebebahnfahren auch ist, höher gelegene Ziele in Wuppertal lassen sich mit diesem Verkehrsmittel nicht erreichen. Bist du zu Fuß unterwegs, kannst du Treppen steigen, um Höhe zu gewinnen. Früher legte man viele Wege auf „Schusters Rappen“, also auf seinen Füßen, zurück. Besaß man ein Reittier, ging es ein wenig flinker voran, wobei man um die Treppen natürlich einen Bogen machen musste. Schneller wurde es auf Gleisen, Straßen und Autobahnen. Tunnel wurden gegraben und Schienen für verschiedene Bahnen gelegt, von denen einige schon lange nicht mehr fahren. Einige dieser stillgelegten Trassen wurden zu neuem Leben erweckt, andere werden derzeit noch ausgebaut. Solltest du es einmal nicht eilig haben, kannst du auf ihnen Rad fahren oder laufen und dabei ganz neue Blicke auf die Stadt werfen: auf ihre grünen Oasen, aber auch auf die vielen Fahrzeuge, die in Wuppertal unterwegs sind.

Wo es hoch hinaus geht

Wuppertal wird auch die „Treppenstadt“ genannt, weil sie über 460 Treppen mit insgesamt mehr als 12.000 Stufen vorweisen kann. Die Wohnorte im 19. Jahrhundert wurden hauptsächlich für Fußgänger gebaut und da waren Treppen die beste Möglichkeit, die steilen Hänge begehbar zu machen. Heute sind sie nicht mehr aus dem Bild der Stadt wegzudenken und verkürzen vielleicht auch deinen Weg zur Schule oder in die Stadt. Allerdings sind manche Treppen baufällig. So wartet die lange Jakobstreppe seit Jahren auf die geplante Sanierung. Auf 155 Stufen verbindet diese Treppe, die auch „Himmelsleiter“ genannt wird, die Friedrich-Ebert-Straße mit dem Nützenberg. Viele andere denkmalgeschützte Treppen sind jedoch in den letzten Jahren saniert worden. Einige von ihnen wurden von Künstlerinnen und Künstlern in Zusammenarbeit mit Kindern und Jugendlichen neugestaltet.

Die *Elberstreppe* befindet sich direkt an der Nordbahntrasse. Sie verbindet die Wichlinghauser Straße und die *Elbersstraße*. Du kannst diese Treppe mit ihren rund 80 Stufen auf keinen Fall übersehen, denn sie ist mit vielfarbigen Mosaiksteinchen verziert. Das Mosaik mit seinen bunten Farben steht für die Vielfalt und das Miteinander der Kulturen im Stadtteil.

Die *Holsteiner Treppe* ist ein bunter Farbklecks zwischen den Häusern an der Gathe. Gebaut wurde sie schon 1900 und führt mit 112 Stufen zum Engelnberg hinauf. 2006 wurde sie im Rahmen eines Kunstprojektes umgestaltet und zeigt in neun farbigen Abschnitten den Weg des Lebens. Beim Aufstieg kannst du auf jeder Stufe Wörter wie z. B. Freundschaft, Liebe oder Treue lesen. Die Holsteiner Treppe gehört zu den 17 schönsten der Welt. Es lohnt sich also, dort einmal vorbeizugehen und die „Scala“, wie das Kunstobjekt genannt wird, zu bestaunen.

Die Holsteiner Treppe in Elberfeld

Die Dicke-Ibach-Treppe in Barmen

Das *Tippen-Tappen-Tönchen* ist sicher die bekannteste und beliebteste Treppe der Wuppertaler. Sie verbindet durch 103 Stufen das Elberfelder Luisenviertel mit dem Ölberg und überwindet dabei einen Höhenunterschied von 16 Metern. Seit die Treppe am Anfang des 19. Jahrhunderts in den Hang gebaut wurde, flossen bei Regen große Wassermengen unter die Stufen und bildeten kleine Höhlen. Liefen nun die Menschen mit den damals üblichen Holzschuhen über die Treppe, hatte jede Stufe einen anderen Klang und so entstand der lustige Name. Sogar in der heimlichen Wuppertaler Hymne „Das Lied vom Lehnchen" wird das „Tippen-Tappen-Tönchen" besungen.
Viele Treppen, von denen du bisher gelesen hast, kannst du im Stadtteil Elberfeld finden. Die aufwendig gestaltete *Dicke-Ibach-Treppe* ist eine der wenigen denkmalgeschützten Treppenanlagen in Barmen. Bereits 1897 gebaut, verbindet sie die Barmer Anlagen mit der Joseph-Haydn-Straße. Die Mauer mit den kleinen Türmchen sieht wie der Teil einer Burg aus. Von der Aussichtsplattform hast du einen herrlichen Blick ins Tal. Benannt wurde die Treppe nach ihren Stiftern Friedrich Wilhelm Dicke und Rudolf Ibach.

Vom Lehnchen

„Eck kenn en Mädchen
und dat heet Lehnchen,
dat wönnt en Wopperdahl
am Tippen-Tappen-Tönchen,
do steht en ganz kleen Hus,
do kiekt dat Mädchen ruut;
wer kennt nit dat Lehnchen
vam Tippen-Tappen-Tönchen."

Striekspöen, „Das Lehnchen vom Tippen-Tappen-Tönchen"; Reinhard Triefenbach

Der Hauptbahnhof um ca. 1905

Wie durch das Schienennetz neue Verkehrswege entstanden

Der Wuppertaler Raum war eine der ersten Regionen in Deutschland, in der die damaligen Eisenbahngesellschaften ab 1841 Schienenwege für den Fern- und Nahverkehr bauen ließen. Es bedeutete einen gewaltigen Aufwand an Material und Arbeit, die Dämme aufzuschütten, Brücken zu bauen, Schwellen zu verlegen und Schienen zu verschrauben. Und damit nicht genug, man brauchte für den Bahnbetrieb natürlich noch Bahnhöfe, Schranken und vieles mehr. An die Anfangszeiten als wichtige Eisenbahnregion erinnern am *Wuppertaler Hauptbahnhof* heute noch das Bahnhofsgebäude, das 1848 eingeweiht wurde, und die ehemalige *Eisenbahndirektion* aus dem Jahr 1875.

Der Hauptbahnhof Döppersberg nach dem Umbau

Warum anfangs viele Menschen die Bahn ablehnten

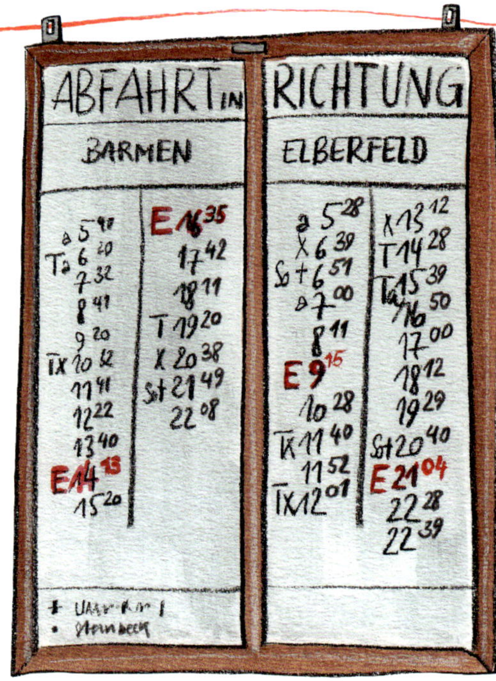

Es gab mehrere Berufsgruppen, die etwas gegen den Eisenbahnbau einzuwenden hatten. So wollten die Bauern ihr Land nicht verkaufen, die Bleicher ihr Garn nicht durch Ruß verunreinigen lassen und die Fuhrleute sowie alle Berufsgruppen, die mit Pferdefuhrwerken zu tun hatten, fürchteten die Konkurrenz durch die Eisenbahn. Ob Kohlentreiber, Wagenbauer oder Pferdehändler – sie alle bangten um ihren Lebensunterhalt. Vielen Bewohnern des Wuppertals war eine Dampf spuckende Maschine auch einfach nicht geheuer, weil sie eine Geschwindigkeit erreichte, die als ungesund galt. Für die Verfechter der Eisenbahn gab aber genau dieses „hohe" Tempo von durchschnittlich 30 Kilometern pro Stunde den Ausschlag.

Welche Bahnen nur noch Erinnerungswert haben

Wuppertals Anbindung ans Schienennetz ist immer noch sehr gut. Die Fernzüge halten am Hauptbahnhof, für andere Züge wie Regionalbahn, Regional-Express und S-Bahnen gibt es zusätzliche Haltepunkte an mehreren kleinen Bahnhöfen im Stadtgebiet. Dies ist aber kein Vergleich zum Bahnverkehr im vergangenen Jahrhundert, als noch die Burgholzbahn (*Samba*), die Wuppertaler Nordbahn, die Wuppertalbahn und die Korkenzieherbahn fuhren. Die Menschen nutzten das dichte Bahnnetz für Fahrten innerhalb ihrer Stadt und um benachbarte Städte wie z. B. Remscheid oder Solingen zu erreichen – ein eigenes Auto war damals eher die Ausnahme als die Regel. Außerdem bewegten sich in der Stadt noch zwei weitere Nahverkehrsmittel auf Schienen fort: die Straßenbahn und die Barmer Bergbahn. Viele ältere Wuppertaler können sich noch gut an sie erinnern, obwohl sie längst aus dem Stadtbild verschwunden sind. Einige alte Bahntrassen werden heute anders genutzt – was aus ihnen wurde, erfährst du auf Seite 159.

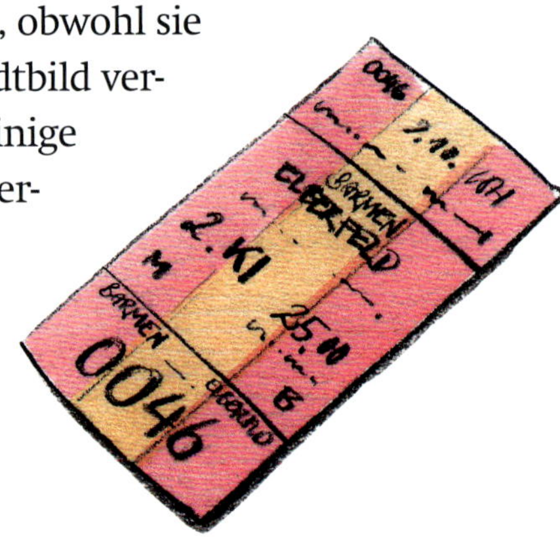

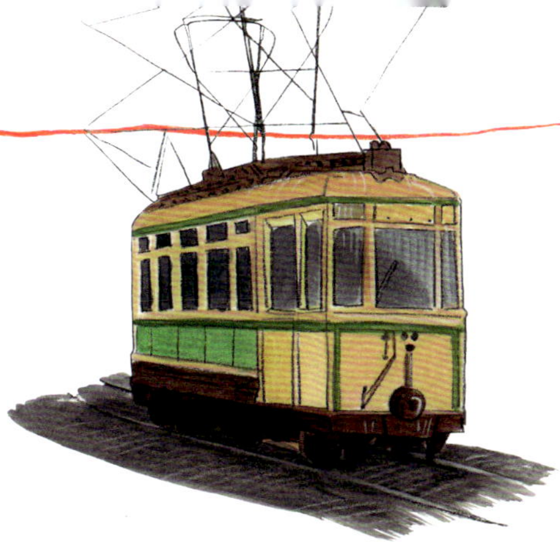

Straßenbahnzug in Vohwinkel, ca. 1960

Was die Straßenbahn möglich machte

Im 19. Jahrhundert bedeuteten die ersten Pferdebahnen auf Schienen im Nahverkehr einen großen Fortschritt gegenüber Pferdekarren und Kutschen. Sie waren die Vorläufer der Straßenbahnen. 1874 nahmen im Wuppertal elektrische Straßenbahnen den Pferden die Arbeit ab. Das war zu einer Zeit, als in Deutschland auch dreirädrige Gasmotoren-Fahrzeuge (*Automobile*) erfunden wurden. Es sollten aber noch einige Jahre vergehen, bis Autos die Straßen immer mehr für sich eroberten. Bis dahin waren die Menschen auf öffentliche Verkehrsmittel angewiesen. Die Straßenbahnstrecken im Tal wurden darum ausgebaut, später erklommen Nebenbahnen auch die Höhen. Schließlich fuhren fast überall im heutigen Stadtgebiet Straßenbahnen und verbanden darüber hinaus beispielsweise auch Barmen, Langerfeld und Schwelm. Es gab Schmalspurlinien mit 1 Meter Spurweite und Normalspurlinien mit 1,435 Meter Spurweite. Als immer mehr Menschen sich ein eigenes Auto anschafften und zudem der Omnibusverkehr an Bedeutung gewann, wurde 1970 das Schmalspurnetz stillgelegt. 1987 schlug auch für die Normalspur-Straßenbahnen die letzte Stunde.

Und heute?

Auch heute noch kannst du in Wuppertal mit der Straßenbahn fahren, nämlich als Fahrgast in einer Museumsbahn. Diese Möglichkeit bietet dir das **Bergische Straßenbahnmuseum** in der Kohlfurth in Cronenberg. Dort gibt es eine Reihe historischer Triebwagen zu besichtigen und an bestimmten Tagen pendeln tatsächlich echte alte Straßenbahnen zwischen der Kohlfurther Brücke und Cronenberg.

Stelen markieren die ehemalige Trasse der Bergbahn.

Die Barmer Bergbahn

65 Jahre lang verband eine elektrische Zahnradbahn das Tal mit den Barmer Südhöhen. Sie wurde auf Anregung des Barmer Unternehmers *Adolf Vorwerk* gebaut. Dadurch ließen sich der nach ihm benannte Vorwerk-Park, die Ausflugslokale und der Toelleturm im Barmer Wald viel leichter erreichen. Die Technik der doppelspurigen Bahn mit Stromzuführung durch eine Oberleitung war weltweit einmalig. Bei der Rückfahrt ins Tal musste kräftig gebremst werden. Die Energie, die durch das Bremsen entstand, wandelte der Motor in Strom für die bergaufwärts fahrenden Züge um. Für die Barmer Bevölkerung war die Bergbahn ein wichtiges Nahverkehrsmittel, denn am Toelleturm hatte man Anschluss an die Ronsdorf-Müngstener-Eisenbahn. Im Zweiten Weltkrieg wurde die Bergbahn von Bomben beschädigt, erst 1945 ging der Betrieb weiter. Im Juli 1959 fuhr die Bergbahn zum letzten Mal. Danach wurde sie trotz vieler Bürgerproteste stillgelegt und durch Straßenbahn- und Buslinien ersetzt. Den früheren Streckenverlauf in den Barmer Anlagen markieren heute hohe Granitpfeiler (*Stelen*).

Die Barmer Bergbahn in Zahlen

Betrieb: *1894 bis 1959*
Streckenabschnitte:
Am Clef – Planetarium – Talblick – Toelleturm
Streckenlänge: *1,6 km*
Höhenunterschied: *171 m*
Steigung: *10,5 % im Durchschnitt, 16,8 % maximal*
Fahrdauer: *12 bis 14 Minuten*

Die Barmer Bergbahn auf einer Postkarte um 1900

Zahlen und Fakten aus dem Nahverkehr

Hättest du gewusst, dass …

… die ***Bundesstraße B 7*** *schon seit 1788 die Stadtteile Barmen und Elberfeld verbindet? Sie ist bis heute die Hauptverkehrsachse in Wuppertal.*

… du auf ***ca. 870 km*** *kämest, wenn du alle Straßen der Stadt verbinden würdest?*

… in Wuppertal viele ***Kinder in Verkehrsunfälle*** *verwickelt sind? Als Gegenmaßnahmen werden „Starenkästen" (Radarkontrollen zur Geschwindigkeitsüberwachung) an Schulen und Kindergärten aufgestellt, die die Autofahrer „blitzen", falls sie zu schnell fahren. Aber auch spielerische Aktionen wie die des Kooperationsteams „Achtung Kinder" sorgen für mehr Sicherheit. Hier arbeiten Polizisten eng mit Fachleuten aus anderen Bereichen wie Kinderschutzbund und Verkehrswacht zusammen.*

… Wuppertal mit dem ***Sonnborner Kreuz*** *eines der größten Autobahnkreuze im Land hat?*

… beim Bau des Tunnels „Großer Busch" in Dornap ***Funde zur Erdgeschichte*** *gemacht wurden? Im Massenkalk verbargen sich Schätze aus dem Karbonzeitalter. Ein Fest für die Wissenschaftler!*

… der ***Döppersberg*** *nicht immer so aussah? Er wurde sechs Jahre lang umgebaut. Dabei entstanden Plätze, Hallen und eine Fußgängerbrücke. Eine Straße wurde abgesenkt und es entstand ein großer Busbahnhof direkt vor dem Hauptbahnhof. Vielleicht siehst du hier auch einen der neuen und umweltfreundlichen Wasserstoffbusse?*

… mehr als ***260 Busse auf ca. 60 Linien*** *fahren, um dich beinahe überallhin zu bringen? (Zugegeben, bei Schnee haben sie ihre liebe Not, die Berge hinaufzukommen.)*

… du im ***„Stangentaxi"*** *von Vohwinkel nach Solingen fahren kannst? Der selten gewordene Oberleitungsbus wird elektrisch betrieben, da er dank mehrerer Stangen mit der Leitung über ihm verbunden ist. Bleibt zu wünschen, dass er immer schön „bei der Stange bleibt". Denn ansonsten kommt er nicht voran.*

… es den Steigungen zum Trotz ***Radwanderwege*** *mit einer Gesamtlänge von 67 km gibt, für die 327 Wegweiser aufgestellt wurden?*

Warum fast alle Autos echte Wuppertaler sind

Mehr als 10.000 Einzelteile stecken in jedem Auto und viele davon werden in Wuppertal hergestellt. Einige Firmen aus dem Bereich Autozulieferer sind *Vorwerk Autotec*, *Happich*, *Coroplast*, *Axalta* und *Hühoco*. Insgesamt ca. 150 Unternehmen arbeiten in dieser Branche.

Alles im Lack!

Autos sind so beliebt, dass einige Begriffe um sie herum ganz automatisch in die Sprache aufgenommen wurden. So kennst du sicher die Ausdrücke:

Lass uns die Kurve kratzen!
Nichts wie weg hier!

Schalt mal einen Gang runter.
Entspann dich und ruh' dich aus.

Gib Gas** oder **Drück auf die Tube!
Mach mal voran!

Du willst uns wohl verkuppeln?
Du willst wohl, dass wir ein Paar werden?

Das bringen wir in Gang!
Das bringen wir auf den Weg.

Schaust du dir Automobile an, siehst du von außen die verschiedenen Lacke. Im Innenraum zeigen sich Verkleidungen und Konsolen, Lenker und Sitzlehnen. Aber auch viele verborgene Dinge wie Bordelektronik, Schließsysteme, Ölpumpenelemente und Steckkontakte kommen aus Wuppertal. Erst mithilfe all dieser Teile halten und funktionieren Autos. Ein Stückchen aus deiner Stadt nehmen sie also alle mit auf ihre Fahrt. Und wo wir gerade vom Fahren lesen: Die Firma Aptiv arbeitet daran, selbstfahrende, also autonome Autos zu entwickeln. Noch sitzen zwar Menschen am Steuer, um notfalls einzugreifen, aber künftig sitzen wir vielleicht alle gemütlich auf der Rückbank.

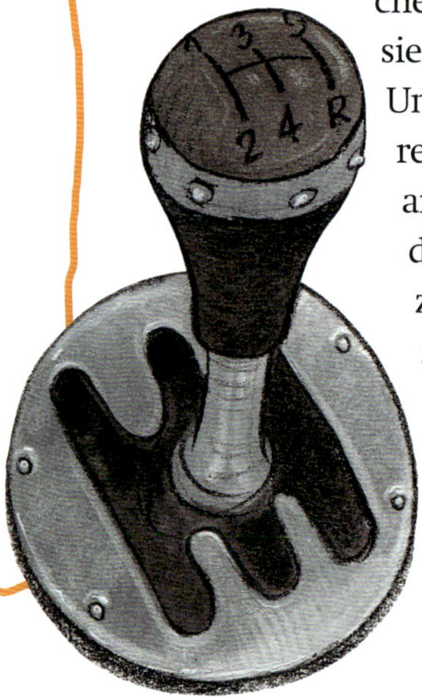

Die Nordbahntrasse

1879 eröffnete die Rheinische Eisenbahn-Gesellschaft eine Bahnstrecke zwischen Düsseldorf und Dortmund. Ein Teil der Rheinischen Strecke führte als Nordbahn über die Nordhöhen von Vohwinkel, Elberfeld und Barmen. Die Streckenführung war wegen der Hanglage viel schwieriger als im Tal, es mussten viele Tunnel gegraben und hohe Eisenbahnbrücken wie das Viadukt am Steinweg gebaut werden. 1991 endete der Personenverkehr mit der Nordbahn. Bis 1999 wurden noch Güter befördert, danach wurde der Betrieb der Strecke auf Wuppertaler Gebiet ganz eingestellt. Mit gesperrten Tunneln blieb die Trasse bis 2006 ungenutzt.

Und heute?

Ohne die Wuppertalbewegung e.V. würden die **Nordbahntrasse** und **Schwarzbachtrasse** immer noch ungenutzt im Dornröschenschlaf liegen. Aber zum Glück taten sich in dem Verein viele Menschen zusammen, die etwas bewegen wollten. Sie alle halfen und helfen mit, aus den stillgelegten Bahntrassen einen Rad-, Fuß und Freizeitweg zu schaffen. Er führt auf rund 23 Kilometern von Vohwinkel bis Langerfeld über Viadukte und Brücken und durch beleuchtete Tunnel. Für die Fledermäuse in diesen Tunneln fand man Lösungen, die Mensch und Tier gerecht werden. 2014 wurde die **Nordbahntrasse** offiziell eröffnet. Vier Jahre später folgte der Anschluss der Schwarzbachtrasse. An deren Ende leuchtet die **Lego-Brücke 2.0** in Regenbogenfarben über der Langerfelder Straße.

Du kannst auf der Nordbahntrasse viel unternehmen. Blättere doch mal ins letzte Kapitel: Dort findest du einen Trassenplan und Trassen-Tipps!

Lego-Brücke 2.0 (Regenbogenbrücke) des Graffiti-Künstlers Martin Heuwold

Blick auf die Nordbahntrasse am Bahnhof Ottenbruch

Die Samba-Trasse

Ab 1891 schlängelte sich die Burgholzbahn zwischen Cronenberg und Elberfeld auf Schienen durch den Wald. Kurvenreich war die Strecke von Anfang an, aber erst in den 1950er-Jahren bürgerte sich nach der Einführung neuer Schienenbusse der Spitzname *Samba* ein, weil die Wagen sich nun sehr schaukelnd in die Kurven legten. Sogar wenn bei Eis und Schnee der Straßenverkehr längst stillstand, verband der Samba Cronenberg zuverlässig mit dem Tal. Dennoch wurde die Strecke gegen den Willen der Cronenberger 1988 stillgelegt, weil es inzwischen eine Busanbindung und andere Möglichkeiten des Gütertransports gab. Im Laufe der Jahrzehnte überwucherten Büsche und Sträucher die Trasse, bis die Strecke 2006 wiedereröffnet wurde – aber ohne Schienen.

Und heute?

Heute ist die **Samba-Trasse** ein Freizeitweg für Spaziergänger, Wanderer, Läufer und Rad- und Rollstuhlfahrer. Auf 10 Kilometern gibt es viel zu sehen: einen historischen Samba-Zug, Waldkunst, die Kaisereiche, exotische Gehölze im Arboretum (*Baumsammlung*) – und mit etwas Glück sogar wilde Zootiere.

Die Tigertal-Tour

Majas Papa war seit dem Umzug von Elberfeld nach Küllenhahn total trassenbegeistert. Täglich radelte er über die Samba-Trasse zum Büro nach Cronenberg und wieder zurück. Geradezu trassensüchtig kam er Maja vor. Nur so ließ sich wohl sein Plan einer Familienwanderung auf genau diesem Weg erklären – die „Tigertal-Tour". Klang toll, war aber mit Sicherheit der absolute Reinfall!

Als es am Sonntagmorgen zu nieseln begann, hatte Maja Hoffnung geschöpft – leider vergeblich. „Sind doch nur ein paar Tröpfchen, gleich kommt die Sonne raus. Perfektes Wanderwetter", hatte Mama gesagt. Also stapften sie nun bei strömendem Regen über eine öde Trasse und der einzige Trost war Papas Versprechen, dass sie von Sonnborn aus per Schwebebahn und Bus nach Hause fahren würden. Mit der Aussicht auf einen bequemen Rückweg hatte Maja ihre Freundin Melek zum Mitkommen überredet, denn gemeinsam ließ sich ein Fußmarsch durchs Burgholz sicher leichter ertragen.

Allmählich klarte der Himmel auf. Als hätten alle nur darauf gewartet, dass die Sonne zum Vorschein kam, füllte sich die Samba-Trasse mit Radfahrern, Läufern und Spaziergängern. Es ging stetig leicht bergab und so kamen die Wanderer gut voran.

Erst als am Wegrand ein Eiswagen auftauchte, war Pause angesagt. Majas Mama kaufte Eis für alle und sagte: „Schnell aufessen, sonst schnappen es die Tiger weg!" Eis schleckend wanderten sie weiter. Die Mädchen machten sich einen Spaß daraus, nach Tigern Ausschau zu halten und sich zu verstecken. „Hilfe, da unten ist einer", kreischte Melek und Maja tat so, als ob sie sich schrecklich fürchtete. Dann legte Maja mit übertriebener Panik in der Stimme los. „Aufpassen, da sind jetzt echt Ti..." Plötzlich verstummte sie, verschluckte sich fast am Rest ihrer Eiswaffel und flüsterte: „Löwen."

Tatsächlich: Auf der Bergwiese streiften Löwen durchs Gras! Ein einzelner Löwe mit prächtiger Mähne ruhte etwas abseits auf dem Felshang. Melek konnte es nicht fassen: „Tiger? Löwen? Ist das ein Geheimweg zum Zoo?" „Nicht ganz, aber beinahe. Wir kommen gleich auf eine Brücke, die über das Tigergehege des Zoos führt. Auch dieses Löwengelände am Hang gehört zum Zoo und ..." Majas Papa kam gerade richtig in Fahrt mit seiner Erklärung, aber die Mädchen hatten genug gehört und stürmten los. Maja drehte sich noch mal um, reckte den Daumen hoch und rief: „Papa, coole Sache, deine Tour! Bis gleich an der Tigerbrücke!"

Grün in der Stadt

Von sandigen Kleingraumullen, grünen Baumwürgern und einer Caldera

Wie grün die Stadt Wuppertal ist, zeigt sich besonders eindrucksvoll im Frühjahr. Wo du auch hinschaust, entdeckst du diese Farbe: in den Wäldern, die fast ein Drittel des Stadtgebietes bedecken, aber auch in den vielen Parks und am Ufer der Wupper. Die ersten Knospen sprießen und zeigen ihre Blüten. Der Frühling ist wie geschaffen für einen Besuch im *Vorwerkpark* mit seinen üppigen Rhododendronsträuchern. Im Sommer werden die Farben satter und das Grün kräftiger, bis der Herbst eine unglaubliche Anzahl an Rottönen hervorbringt. Eine perfekte Zeit, um auf dem *Scharpenacken* neue Drachen steigen zu lassen. Zuletzt, wenn der Winter naht, bleiben die immergrünen Nadelbäume, die höchstens unter einer dicken Schneedecke ebenso weiß werden wie alles Übrige. Dann geht es zum Rodeln in die Parks! In diesem Kapitel nimmst du nach einem Spaziergang durch das *Zooviertel* noch einige dieser Grünflächen unter die Lupe.

Was den Zoo und seine Umgebung so einzigartig macht

Es gibt 13 spannende Entdecker-Routen in Wuppertal. Eine davon führt durch das Zooviertel und wenn du ihr folgst, siehst du Villen verschiedener Baustile, die seit dem Ende des 19. Jahrhunderts dort entstanden sind und auf ihre alten Tage immer noch prächtig aussehen! Entdeckst du auf diesem Weg auch den eindrucksvollen *Märchenbrunnen*? Gleich nebenan ist der Wuppertaler Zoo. Er ist nicht nur ein Ziel für Tierliebhaber, sondern für alle, die naturverbunden sind. Dieser Park, dessen Anlage auf einem Entwurf des Gartenkünstlers *Heinrich Siesmayer* beruht, ist einfach ein Erlebnis! Das war anfangs auch wichtig, denn der Zoo eröffnete 1881 mit gerade einmal 34 Tieren, wo heute rund 5.000 Tiere leben. Einmalig ist die außergewöhnliche Hanglage und es gilt, immer wieder ein paar Höhenmeter zu überwinden, um zum nächsten Gehege zu gelangen.

Alte Ansicht der Parkanlage im Zoo (oben) und die Elefantenanlage (unten)

Der Märchenbrunnen im Zooviertel

Wie viel Raum die Elefanten inzwischen haben

Afrikanische Elefanten gab es während der ersten Jahre noch nicht im Zoo. Als erste Dickhäuter kamen 1927 Asiatische Elefanten nach Wuppertal. Sie hatten damals nur wenig Platz und mussten Zirkusnummern aufführen, um die Besucher zu unterhalten. Heute stehen den Elefanten mehr als 4.000 m² des Geländes zur Verfügung. Eine ganze Herde Afrikanischer Elefanten hat sich unter artgerechter Haltung sehr gut eingelebt und bekommt regelmäßig Nachwuchs. „Bongi" zum Beispiel war der Erste seiner Art, der in Nordrhein-Westfalen das Licht der Welt erblickte (2005).

Was sich im Laufe der Zeit verändert

Tierhaltung in Zoologischen Gärten ist immer auch ein umstrittenes Thema. Die schon vorhandenen Freianlagen zeigen deutlich, wie wohl sich deren Bewohner fühlen. Damit weitere Tierarten mehr Raum bekommen, wandelt sich der Zoo stetig. Ein Beispiel hierfür ist der Teich am Eingang des Zoos, der früher einmal Gondelteich hieß. Man fuhr nämlich tatsächlich in Gondeln über das Wasser, über das sich heute brüllende Gibbons hangeln. Mit jeder Veränderung wird einer der landschaftlich schönsten Zoos in Europa noch grüner und naturverbundener und ist so immer einen Besuch wert.

Wo sich nicht nur Aras wohl fühlen

Ein Beispiel für die neueste Veränderung ist die riesige Freiflugvoliere *Aralandia*. Ihren Namen hat sie von den Aras. Diese Papageienvögel kannst du hier ebenso entdecken wie Sonnensittiche, Flamingos und Pudus, die kleinsten Hirsche der Welt. Sie alle vereint die Tatsache, dass sie zu den bedrohten Tierarten Südamerikas gehören. Jedes Mal ist der Besuch anders, denn die Tiere machen es immer wieder spannend. Siehst du ein Pudu? Und lässt sich einer der Aras in deiner Nähe nieder?

Fliegender Hyazinth-Ara

Aus der Fülle der Informationen auf den Tafeln Aralandias hat es ein bezauberndes Wort verdient, hier in diesem Kasten zu stehen:

Puderdunen

Das sind spezielle Federn, die alle Aras besitzen. Ihre Spitzen verwandeln sich ständig zu Staub und dieser rieselt wieder auf andere Federn, um so das Gefieder insgesamt gut gegen Wasser zu schützen. Klingt doch zauberhaft, oder etwa nicht?

Ara-Pärchen vor den Flamingos

Wie hier die Vogelhochzeit gefeiert wird
In Aralandia kann leichter gelingen, was für bedrohte Arten in der Natur immer schwieriger wird: Die Partnersuche. Aras aus Zoos in ganz Europa haben hier die Möglichkeit, sich einen Partner auszusuchen und eine der Hochzeitsvolieren im Ruhebereich zu beziehen. Einige neu gefundene Paare werden auch wieder in andere Zoos überführt. Sollten sich viele von ihnen fortpflanzen, wird das einen erheblichen Beitrag zum Erhalt dieser Arten leisten.

Wusstest du schon, dass ...

... die Zucht sehr wertvoll zur ***Erhaltung der Artenvielfalt*** *ist? In Zuchtbüchern wird der Nachwuchs genau aufgeführt. So lässt sich die Herkunft seltener Tiere gut nachverfolgen. Im Wuppertaler Zoo sind das beispielsweise Pudus und Eselspinguine.*

... sich die ***Eselspinguine*** *hier immer von ihrer besten Seite zeigen? Steig in den Tunnel hinab und beobachte sie in ihrem natürlichen Element, während du unterhalb des Wasser stehst. Das gibt es sonst nirgends auf der Welt!*

... die großen ***Kunststoffpinguine*** *zum 125-jährigen Bestehen des Zoos bemalt und aufgestellt wurden? Mit der* ***Pinguinale*** *ging es 2006 bunt zu. Nachdem sich alle Pinguine ein paar Monate nebeneinander im Zoo präsentiert hatten, kehrten sie wieder an ihre Plätze zurück und verschönern seitdem das Stadtbild.*

... die Wappentiere des Zoos, die ***Königspinguine****, als Küken nicht ins Wasser fallen dürfen? Sobald ihre Daunen vollgesogen sind, würden sie ertrinken! Erst nach etwa einem Jahr wechseln sie das Gefieder und dürfen dann gefahrlos ins kühle Nass springen. Wenn ein Gitter in der Anlage steht, befindet sich Nachwuchs darin. 2011 konnte das erste Küken sogar ohne Hilfe der Pfleger von seiner Familie aufgezogen werden.*

... die ***Kleingraumullen*** *wie die putzigen Meerschweinchen zu den Nagetieren gehören? Allerdings sind sie als Sandgräber in ihren Tunneln unterwegs und keine geeigneten Haustiere.*

... du einige ***seltene Tiere*** *im Wuppertaler Zoo finden kannst? Auf deinen Besuch freuen sich zum Beispiel* ***Okapis*** *(gestreifte Waldgiraffen),* ***Mishmi-Takine*** *(Paarhufer aus dem Himalaya-Gebirge) und* ***Baird's Tapire****.*

... die ***Eisbären*** *nach über 100 Jahren den Zoo verlassen haben. Das Nordlandpanorama bietet einfach nicht genug Raum für sie, dafür gibt es aber bald umso mehr Platz für die munteren* ***Seelöwen.***

Toelleturm

Welche Ausblicke sich in Barmen noch bieten

Im Nordpark findest du den *Skywalk*, auf den sich nur schwindelfreie Personen trauen, da er etwa sieben Meter hoch und über 16 Meter lang ist. Aber wenn du dich überwindest, wirst du mit einer Aussicht belohnt, die weit über Barmen hinaus bis nach Schwelm reicht. Die zweite Plattform liegt direkt an der Nordbahntrasse. In Höhe Wichlinghausen befindet sich das *Belvedere*, einige Meter oberhalb der Trasse. Du steigst ein paar Stufen hinauf und schon bist du auf einem ruhig gelegenen Rastplatz mit Panoramablick.
Pausen können so schön sein!

Wohin es nicht nur die Barmer zieht

Die Barmer Anlagen bieten auf 100 Hektar Grünfläche reichlich Platz für Abwechslung in Sachen Natur. Hier gibt es gepflegt angelegte Teiche, dort stößt man auf die schönsten Aussichtsplätze. Dann wieder wechseln sich Waldstücke mit Ruhezonen ab. Dieser riesige Erholungspark steht allen Besuchern offen und wer Interesse an den vielen Denkmälern hat: Ein Rundgang dauert etwa zwei Stunden.

Hoch hinaus

Zu den Barmer Anlagen gehört auch der Toelleturm. Er ist einer der vielen Türme in Wuppertal, die alle zwischen 20 und 30 Metern hoch sind und von denen dich einige über die Dächer der Stadt blicken lassen. Andere sind nicht mehr begehbar und wieder andere öffnen zu bestimmten Zeiten oder nach Absprache. Den ältesten Turm findest du im ***Botanischen Garten****. 1838 entstand der Elisenturm aus einer ehemaligen Mühle. Bereits von außen ein Prachtbau in Rosa, ist er mit seiner Kuppeldecke auch innen sehenswert. Er diente damals als Sternwarte und Bibliothek. Heute werden dort Ausstellungen gezeigt und Trauungen durchgeführt. Eine kleine Nachbildung dieses Turms dient als* ***Insektenhotel*** *und hat viele summende Bewohner, die dort nisten und auch überwintern können. Wie der Elisenturm stehen auch diese reizvollen Türme unter* ***Denkmalschutz****:*

Toelleturm = Barmer Anlagen
Bismarckturm = Hardt
Weyerbuschturm = Parkanlage Nützenberg
Von der Heydt-Turm = Waldgebiet Kiesberg

Wald und Wiese

Zu den beträchtlichen 4.858 Hektar Wald, 3.500 Hektar Landwirtschaft und dem Zoologischen Garten gesellen sich noch zahlreiche Landschafts- und Stadtparks, 46 Friedhöfe und etwa 8.000 Kleingärten. So viele Grünflächen hat nicht jede Großstadt im Angebot und in welchem Stadtteil du auch bist, die nächste liegt gleich um die Ecke! Neben den Barmer Anlagen, der Hardt und dem Arboretum gibt es noch ein paar Beispiele, wo du auch eine grüne Zeit verbringen kannst.

Langerfeld:
Mufflons und Damwild bewohnen ein Wildgehege auf dem ***Ehrenberg****. Mit ein wenig Glück siehst du ab März sogar ihren Nachwuchs.*

Barmen:
Durch den ***Kothener Busch*** *verläuft eine über einen Kilometer lange Downhill-Strecke für Mountainbiker und im* ***Nordpark*** *kannst du das Damwild-Gehege umrunden oder dem Geologie-Lehrpfad folgen.*

Elberfeld:
Mit verschiedenen Schwierigkeitsgraden lockt dich der ***Hochseilgarten****. Ein Heim für viele Pflanzen- und Tierarten ist das Gebiet der ehemaligen Müllkippe am Eskesberg geworden, das zum* ***Kalkofenpark*** *gehört.*

Rund um Vohwinkel, Schöller und Dornap:
Ein Rundwanderweg in und um Wuppertal trägt den schönen Namen ***Eulenkopfweg****. Zwei seiner vier Teilstrecken führen am Kalkwerk Dornap vorbei nach Schöller und durch das Waldgebiet* ***Osterholz****. Zum* ***Schloss Lüntenbeck*** *gehört auch ein hübscher Park mit Teichen.*

Rund um Cronenberg und Ronsdorf:
Auf dem Walderlebnisweg um die ***Ronsdorfer Talsperre*** *lernst du zum Beispiel, wie du Feengelee herstellst oder wie weit ein Fuchs springen kann! Im* ***Gelpetal*** *zeigt dir der historische Lehrpfad die Fundorte alter Hämmer und Kotten.*

Beyenburg:
Am ***Beyenburger Stausee*** *entlang führen einige längere Wanderwege wie der Wupper- und der Wappenweg. Vielleicht ist auch der Kanu-Schnupperkurs etwas für dich oder du schaust mal beim Drachenboot-Training zu?*

Dönberg:
Von hier aus geht es ab ins schöne ***Deilbachtal****, wo mehrere Rundwege erkundet werden können.*

Warum die Hardt immer eine gute Wahl ist

Ganz zentral liegt eine der vielfältigsten Grünanlagen inmitten der Stadt. Angelegt wurde das heutige Gartendenkmal Hardt/Botanischer Garten 1807. Im Laufe der Jahrhunderte gab es immer wieder Veränderungen und Erweiterungen. Dafür sorgte unter anderem Heinrich Siesmayer im Jahr 1880, der kurz darauf auch die Gestaltung des Zoos übernahm. Die vielen Teile, die sich wie ein Puzzle ineinanderfügen, ergeben eine bunte Mischung an ausgedehnten Liegewiesen, herrlichen Aussichtspunkten und einem Rosengarten. Auch Waldstücke mit der Freilichtbühne, ein Grill-Pavillon und der große Spielplatz samt Spielplatzhaus gehören dazu. Viele Wege führen auf die Hardt und einer davon lotst dich direkt zum Botanischen Garten mit der prächtigen Villa Eller und dem Elisenturm.

Wo der Baumwürger daheim ist …

… wird an dieser Stelle nicht verraten. Schließlich sollst du ihm doch bei einem Ausflug durch den Botanischen Garten selbst auf die Schliche kommen! Findest du dabei auch die *Felsenbirne*? Auf verschiedenen Flächen zeigt sich hier die Vielfalt der Pflanzenwelt. An einem Ende wachsen Heil- und Gewürzkräuter, am anderen siehst du einen Steppengarten mit daneben liegendem Heidetümpel. Und damit du auch die Arten bestaunen kannst, die ein ganz anderes Klima benötigen, bewohnen diese die Gewächshäuser innerhalb und außerhalb des Botanischen Gartens. Ab und an werden Führungen speziell für Kinder angeboten. Das lohnt sich ebenso wie ein Blick in die Abteilung der fleischfressenden Pflanzen.

Welche Bedeutung die Kaisereiche hat

Eichen symbolisieren wegen ihrer langen Lebenszeit von rund 500 Jahren die Ewigkeit und galten schon den Germanen als heilig. Die *Kaisereiche* wurde im Jahr der Gründung des Deutschen Kaiserreichs 1871 von Elberfelder Gymnasiasten und ihren Lehrern gepflanzt und feierlich eingeweiht. Schon bald war sie ein beliebtes Ziel für Ausflüge und Wanderungen. Du findest den stattlichen Baum nahe der Straße „Zur Kaisereiche“ direkt an der Samba-Trasse. Von dort aus gelangst du ins Burgholz und zu den Wanderwegen des Arboretums.

Das Arboretum

Im Lateinischen heißt das Wort „arbor“ Baum. Ein ***Arboretum*** *ist eine Sammlung verschiedenartiger Bäume und Gehölze auf einer extra dafür bestimmten Fläche. Das heißt, sie werden an einem Ort angepflanzt, an dem sie in den meisten Fällen nicht von Natur aus wachsen. Nun können Forstwissenschaftler beobachten, ob und wie sie in fremder Umgebung gedeihen, welcher Boden ihnen gut bekommt und welches Klima sie verkraften. Außerdem kann erforscht werden, ob sich die heimische Tier- und Pflanzenwelt mit den fremden Bäumen verträgt. Im* ***Staatsforst Burgholz****, der nahezu komplett unter Naturschutz steht, befindet sich dieses 250 Hektar große Arboretum.*

Wo du über die Teufelsklippen eine Zwergenkirche erreichst

Im Arboretum, aber auch etwas abseits der Wege, verstecken sich einige teuflische Sehenswürdigkeiten. Der „Kulturhistorische Lehrpfad“ führt dich zu den *Teufelsklippen*, in deren Schutz seltene Farne die letzte Eiszeit überstanden haben. Über die *Teufelsbrücke* kommst du zur knorrigen *Teufelseiche*. Der Pfad führt dich auch zur *Zwergenkirche*, einer uralten Felsformation, um die sich Sagen aus dem Mittelalter ranken, und zu noch gut erkennbaren Hohlwegen.

Wann die Exoten ins Burgholz einzogen

Erste Versuche, Hölzer aus fremden Ländern im Burgholz anzusiedeln, gab es schon im Jahr 1900. Nach und nach entstand die exotische Waldlandschaft, die 1999 mit beschilderten Wegen eröffnet wurde. So dient das Arboretum Burgholz seither nicht nur wissenschaftlichen Zwecken, sondern bietet Besuchern Gelegenheit, die vielfältige Schönheit der Anpflanzungen zu bewundern. Mitten in Wuppertal kannst du durch die Wälder Nordamerikas und Asiens wandern. Du triffst dort auf Riesen-Lebensbäume und Sumpfzypressen oder siehst auf dem asiatischen Wanderweg den Urweltmammutbaum und den Ginkgo. Aber auch den Baumarten Europas begegnest du, zum Beispiel der Atlas-Zeder und der Nordmanntanne. Vielleicht hast du schon einmal solche Tannen als Weihnachtsbaum gesehen. Wenn sie ausgewachsen sind, erreichen sie manchmal eine Höhe von 60 Metern.

Was du im Waldpädagogischen Zentrum erleben kannst

Das Zentrum, kurz *WPZ Arboretum Burgholz e.V.* genannt, bietet Kindern, Jugendlichen und Erwachsenen die Möglichkeit, den Wald als Lebens- und Erlebnisraum zu begreifen. So erlebst du zum Beispiel den Kreislauf der Natur und erfährst, welche Tiere und Pflanzen im Wald leben. Du lernst, wie das Holz gefällter Bäume verwendet wird und warum das umweltbewusste Verhalten jedes einzelnen Menschen für den Naturschutz wichtig ist. In den Ferien finden spannende Aktionen in der freien Natur statt.

Skulptur „Caldera“ von Tony Cragg im Skulpturenpark

Bemerkenswert

Vom wilden Wald zum Waldfrieden

Der englische Bildhauer **Tony Cragg** lebt seit vielen Jahren in Wuppertal. Er hat den **Skulpturenpark** geschaffen. Die baumreiche Parkanlage rund um die **Villa Waldfrieden** bildet eine natürliche Kulisse für Skulpturen und wechselnde Ausstellungen mit dreidimensionalen Kunstobjekten. Eine der bekanntesten Bronzeskulpturen des Künstlers ist die „Caldera“. 2013 wurde sie mit großem Aufwand zum Park transportiert und aufgestellt. Die mächtige Skulptur scheint voller Leichtigkeit über dem Waldboden zu schweben, obwohl sie sechs Tonnen wiegt, vier Meter hoch und ebenso breit ist. Wie gut Natur, Kultur und Kunst zusammenpassen, erfahren Besucher des Skulpturenparks auch bei den Konzerten, die regelmäßig stattfinden.

Kultur und Bildung

Von Leseratten, kleinen Forschern und allerlei Kunst

Neue Dinge auszuprobieren macht einfach Spaß. Gibt es ganz nebenbei noch etwas zu lernen, so ist das wie ein Hauptgewinn im Lotto. Nirgends sonst kannst du dir so einfach Wissen aneignen wie beim Blättern in einem Buch, Mitmachen bei einem der spannenden Kurse an der Junior Uni oder einem Besuch im Museum. Daneben gibt es noch das Studio des WDR sowie eine Tageszeitung. Beide vermitteln täglich die aktuellen Nachrichten. In kleinen oder großen Kinos werden Filme gezeigt und in verschiedenen Theatern kannst du beeindruckende Aufführungen besuchen.

Wo das Reich der Bücher ist

Bist du eine Leseratte und reicht das Taschengeld wieder mal nicht für alle Lieblingstitel? Dann ist eine der *Bibliotheken* in Wuppertal genau das Richtige für dich. Seit über 100 Jahren gibt es bereits in Wuppertal die Möglichkeit, Bücher auszuleihen. Doch moderne Bibliotheken bieten noch viel mehr als reinen Lesestoff. In den Regalen stehen heute neben Büchern, Zeitschriften und Comics auch Spiele, CDs und DVDs. Auch Nintendo-, Wii- und Playstation Spiele kannst du entleihen. Die TigerBooks-App bringt deine geliebten Geschichten aufs Smartphone oder Tablet. Du siehst, hier gibt es alles, was das Herz begehrt. Manchmal verbergen sich in den Regalen auch wahre Schätze, etwa Jugendbuchausgaben, die es schon längst nicht mehr im Buchhandel zu kaufen gibt. Den kostenlosen Ausweis bekommst du in jeder Bibliothek und dann steht dem Lese- und Hörvergnügen nichts mehr im Weg.

Stöbern im „Bücherschiff"

Wie das Bücherschiff zum Schmökern, Lernen und Spielen anregt

Die größte Kinderbibliothek ist das „Bücherschiff" in der *Zentralbibliothek* in Elberfeld. Egal, ob du etwas zum Lesen, Hören oder Anschauen suchst, hier hast du eine Riesenauswahl. Möchtest Du ein Buch in Türkisch, Arabisch, Englisch, Polnisch oder einer anderen Sprache lesen, findest du hier ein großes Angebot. Du interessierst dich für Dinosaurier, Katzenbabys oder Astronomie? Im „Bücherschiff" gibt es spannende Sachbücher zum Staunen, Lernen und Entdecken.

Die Welt der Sprache für alle online

Hast du Lust auf richtig gute Filme? Unter Filmfriend kannst du deine Lieblingsfilme streamen. Rosetta Stone ist eine Lernplattform und hilft dir online und interaktiv eine Sprache zu lernen. Im Pressreader hast du Zugang zu 7.000 Zeitungen und Zeitschriften weltweit. Hier kannst du dich über Neues informieren oder deine Lieblingszeitschrift lesen.

Bemerkenswert

Über das ganze Stadtgebiet verteilt, von Langerfeld bis Vohwinkel, gibt es **9 Stadtteilbibliotheken**. In allen findest du ein großes Angebot an Kinder- und Jugendliteratur. Die Bibliotheken bieten auch Aktionen und Veranstaltungen an. Regelmäßig werden Geschichten vorgelesen und im Bilderbuchkino gezeigt. Sehr beliebt sind die Führungen durch die Bibliothek mit der ganzen Klasse, danach kennst du dich bestens aus. Auf Anfrage werden auch Medienboxen mit Büchern, Spielen, CDs und DVDs für deine Klasse zusammengestellt, die kostenlos mit einem gültigen Bibliotheksausweis zu entleihen sind.

Wie viele Sprachen ein Wuppertaler Maulwurf spricht

In deiner Stadt kannst du nicht nur Bücher kaufen, einige entstehen auch hier. Es gibt z. B. Verlage, die sich mit Heimatliteratur beschäftigen – in ihren Büchern dreht sich alles um Wuppertal und Umgebung. Aber auch ein sehr bekanntes Bilderbuch stammt von einem Wuppertaler Verlag: „Vom kleinen Maulwurf, der wissen wollte, wer ihm auf den Kopf gemacht hat“. Die Illustrationen wurden von Wolf Erlbruch, einem Wuppertaler Künstler, gezeichnet. Dieses Buch wurde in über 30 Sprachen übersetzt und Kinder in aller Welt lieben es.

Welche Arten von Medien es gibt

Das Wort *Medium* stammt aus dem Lateinischen und bedeutet wörtlich übersetzt „Mitte oder Mittelpunkt“. Ein Medium ist ein Mittel, um Informationen weiterzugeben, kann aber in der deutschen Sprache auch andere Bedeutungen haben. Das Medium Buch hast du schon kennengelernt und zur Tageszeitung erfährst du gleich mehr. Neben dieser Zeitung gibt es auch die kostenfreie *Wuppertaler Rundschau*. Im Fernsehen berichtet die *Lokalzeit Bergisches Land* im WDR täglich auch über Wuppertal und immer wieder gibt es Berichte über Aktivitäten für Kinder. Alle halbe Stunde kannst du Nachrichten aus dem Bergischen Land im Radio bei WDR 2 hören und es gibt den Lokalsender *Radio Wuppertal*, der ganz speziell auf deine Stadt ausgerichtet ist. Sowohl der WDR als auch Radio Wuppertal bieten verschiedene Führungen an, sodass du einen Blick hinter die Kulissen werfen kannst.

Hier wird die Zeitung gedruckt.

Die Westdeutsche Zeitung

Wusstest du schon, dass …

… die Westdeutsche Zeitung abgekürzt ***WZ*** *genannt wird? Sie erscheint sechsmal wöchentlich und beinhaltet neben den örtlichen auch weltweite Themen.*

… der ***Hund Wurzel*** *im täglichen Comic schon über 50 Jahre alt ist? Dafür hat er sich wirklich sehr gut gehalten! Seinen Stammplatz in der WZ hat er seit über 35 Jahren.*

… die Zeitung in Wuppertal schon seit ***1887*** *erscheint? Damals hieß sie noch* ***General-Anzeiger****.*

… es regelmäßig ganz spezielle Infos für alle Jüngeren gibt? Such einmal nach der ***Kinderseite****!*

Warum Radio immer noch wichtig ist

Der Lokalsender Radio Wuppertal versorgt seit fast 30 Jahren die Menschen mit Neuigkeiten aus der Region und der Welt. Viele schätzen die Möglichkeit, hier Aktuelles aus der Nachbarschaft zu hören. Für seine sehr gute Berichterstattung zur Flutkatastrophe 2021 wurde dem Sender der *Deutsche Radiopreis* verliehen. Obwohl es keine spezielle Kindersendung gibt, kommen regelmäßig Kinder in Berichten aus ihrem Alltag zu Wort. Auch Buch - und Filmempfehlungen oder Lesungen aus Kinderbüchern sind zu hören.

Das Frühteam Jasmin Ashauer und Jens Voss

Wie Radio Kindern hilft

Wusstest du, dass es viele Kinder in Wuppertal gibt, deren Familien nur Geld für das Nötigste haben? Um diese Kinder finanziell zu unterstützen, gründete Radio Wuppertal gemeinsam mit der Caritas, der Diakonie und der Sparkasse den *Verein Kindertal*. Viele Menschen engagieren sich hier ehrenamtlich. Im Sender gibt es regelmäßig Spendenaufrufe, Lesungen und Veranstaltungen zugunsten des Vereins Kindertal.

Kindergeburtstag bei Radio Wuppertal

Was der Sender zu bieten hat

Willst du einmal hautnah erleben, wie eine Radiosendung entsteht? Dann feiere doch an einem Samstag oder Sonntag deinen Geburtstag bei Radio Wuppertal. Ein Team vom Sender begleitet dich und deine Gäste bei einem Rundgang durch die Studios. Ihr könnt Fragen stellen und erfahrt, wie Radio gemacht wird. Als Höhepunkt kannst du deine eigene Geburtstagsradiosendung moderieren und als CD mit nach Hause nehmen. Wer weiß, vielleicht wirst du als neues Talent entdeckt.

Was ist eigentlich Fair Trade?

Viele Lebensmittel, die du im Supermarkt kaufen kannst, kommen aus weit entfernten Ländern. Familien in Afrika, Asien oder Lateinamerika bauen Tee oder Reis auf ihren Feldern an. Einige arbeiten auf großen Plantagen, um Bananen oder Kakaobohnen für Schokoladenprodukte zu ernten. Die Arbeitsbedingungen sind schwierig und die Unternehmen, die Waren abkaufen zahlen zu wenig Geld. Seit vielen Jahren setzen sich Menschen dafür ein, dass die Hersteller in diesen Ländern einen gerechten Preis für ihre Waren bekommen und so auch bessere Löhne an die Arbeitenden zahlen können. Dafür entwickelten sie den Fairen Handel. Du erkennst faire Produkte wie Bananen oder Tee u. a. am Fairtrade-Siegel, aber auch an Logos fairer Firmen wie z. B. GEPA, die ihren Hauptsitz in Wuppertal hat.

Schülerinnen und Schüler der Fair4You-AG Gesamtschule Barmen bei der GEPA 2020

Fairer Handel und seine Auswirkungen

Was du bewirkst, wenn du fair einkaufst kannst du m Kurzfilm „Kakao Kids: Fairer Kakaoanbau ohne Kinderarbeit“ unter ***www. gepa.de anschauen.*** *Dort findest du auch weitere Filme und viele Infos.*

Adriana im Kakaobaum

Welche Schulen schon richtig „fair“ sind

Bereits seit 2010 ist Wuppertal Fair Trade Town. Unter anderem wird seitdem in unseren städtischen Einrichtungen fairer Kaffee oder Tee getrunken. Auch Schulen können den fairen Gedanken unterstützen und sich als Fair Trade School bewerben. Die Friedrich-Bayer-Realschule, das St. Anna Gymnasium, die Realschule Boltenhagen und die Gesamtschule Barmen gehören schon dazu. In den Cafeterien und an den Kiosken werden die fairen Produkte angeboten. Es gibt verantwortliche Teams, die sich für den Einkauf und Aktionen auch außerhalb der Schule einsetzen. Um zu zeigen, dass auch der faire Handel mit Blumen wichtig ist, haben unsere Fair Trade Schulen am Bahnhof z.B. mal Rosen verschenkt.

Aktion der Friedrich-Bayer Realschule

Sauer macht rot

Was da vor Indra auf dem Tisch lag, sah ziemlich lecker aus. Wie schade, dass die Süßigkeiten nicht in ihrem Magen landen durften, denn dies hier war die Experimentier-Küche der Junior Uni. Dozentin Jenny hatte ihr und den anderen Kindern der Gruppe vor der Pause schon einiges über Säuren und Laugen erzählt. Außerdem hatten sie zusammen Rotkohlsaft selbst hergestellt und gleich würde es mit dem ersten Experiment losgehen.

Obwohl sie das alles total spannend fand, bezweifelte Indra, dass ihr dieser Ferienkurs so gut gefallen würde wie die Seifenkunst vom letzten Jahr. Da hatten nämlich zwei Freundinnen mitgemacht, aber hier kannte sie außer Tom niemanden. Und Tom zählte nicht, weil der einer der nervigsten Jungs aus ihrer Klasse war. „Jetzt bildet ihr bitte Zweierteams", sagte Jenny in diesem Moment. „Dann teile ich Kittel, Handschuhe und Brillen aus. Die müsst ihr bei den Versuchen zu eurem Schutz anziehen. Tom und Indra, ihr seid im ersten Team."

Auch das noch! So viel Pech ist doch wohl nicht mehr normal, dachte Indra entsetzt. Ausgerechnet Tom war jetzt ihr Partner beim Experiment mit den Bonbons. Aber schon nach ein paar Minuten musste Indra sich eingestehen, dass er ganz brauchbar war. Er kam nämlich auf die Idee, das Bonbon mit einem Löffelstiel als Hilfsmittel zu zerkleinern und erst dann mit Wasser zu übergießen. Während die anderen noch emsig in ihren Wassergläsern rührten, hatten sich ihre süßen Krümel schon längst aufgelöst und Indra gab ein wenig von dieser Lösung auf ein spezielles gelbes Papier. Das färbte sich nun erst orange. Als Tom anschließend Saft darüberträufelte, veränderte sich die Farbe in ein leuchtendes Rot, was er mit einem „Eindeutig sauer!" kommentierte. Indra staunte. Sieh mal einer an, er ist ja doch klug! Und er hatte sich sogar die Farben gemerkt, die der Rotkohlsaft annahm, wenn er mit sauren oder basischen Lösungen in Berührung kam. Wurde der Saft blau, dann war die Lösung neutral. Verwandelte sich die Farbe in ein Grün oder Gelb, dann handelte es sich um eine Lauge, also eine basische Lösung. Die Farben Rot und Violett aber zeigten einen hohen Säuregrad an. Indra klatschte Toms Hand ab und rang sich sogar zu einem Lächeln durch. Vielleicht war es doch kein so großes Pech, mit ihm in einem Team gelandet zu sein? Mal sehen, wie es morgen weitergehen würde …

Warum in Wuppertal schon Kinder „studieren" können

Die Schulzeit dauert je nach Berufswunsch und Begabung unterschiedlich lang. Egal, auf welche Schule du gehst oder für welchen Beruf du dich später entscheidest, an der Junior Uni kannst Du viele Dinge ausprobieren und lernen. Das ist der große Unterschied zwischen einer normalen Uni, wie der *Bergischen Universität Wuppertal* auf dem Grifflenberg, und der *Junior Uni*.

Was die Junior Uni zu bieten hat

Als die Junior Uni 2008 nach einer Idee von Prof. Dr. h.c. Ernst-Andreas Ziegler entstand, war sie zunächst einzigartig in Deutschland. Heute gibt es dieses Bildungsangebot auch in anderen Städten nach ihrem Vorbild.
Vom Hochschulprofessor bis zur Oberschülerin teilen hier Menschen ihr Wissen und bieten Kurse und Workshops zu spannenden Themengebieten an. Wenn du einen Kurs belegst, bekommst du einen Studentenausweis. Hiermit kannst du im Stadtgebiet kostenfrei die Wege von deinem Wohnort zur Junior Uni zurücklegen.

Lernen geht jetzt Uni-DigiTal

Seit 2020 kannst du dir das Wissen auch nach Hause holen. Unter dem Namen Uni-DigiTal findest du Kurse, Mitmach-Wettbewerbe, Livestreams und vieles mehr. Schau auf jeden Fall mal rein.
www.junioruni-wuppertal.de

Die Junior Uni

Wo dich alte und neue Meisterwerke begeistern

In den verschiedenen Museen Wuppertals wird Geschichte lebendig und anschaulich, weil du sie mit all deinen Sinnen erfahren kannst. Natürlich erzählen auch Bücher von vergangenen Zeiten und zeigen Bilder von Gemälden oder Skulpturen. Etwas ganz anderes ist es jedoch, all diese Dinge im Original zu sehen, gewissermaßen in 3-D. Stehst du etwa vor einem alten Ölgemälde, so siehst du jeden Pinselstrich, den der Künstler vor vielen Jahren gezogen hat. Einige Museen werden hier ausführlicher vorgestellt.

Wo kleine Künstler große Kunst machen

In Wuppertal gibt es einen Ort, an dem du einmal eine ganz andere Seite von dir zeigen kannst. Das KunstKinder Café (kurz KuKi-Café genannt) in Wuppertal Barmen hat dazu jede Menge Platz und richtig gute Ideen. Egal ob bei den „Tal-Werkern", in der „Kreativwerkstatt" oder bei den „Umweltforschern", hier macht alles Spaß. Viermal in der Woche zeigen Künstler und Künstlerinnen, was du mit unterschiedlichen Materialien machen kannst. Komm einfach ohne Anmeldung vorbei. Alle Angebote sind kostenlos. Möchtest du mal eine Abenteuerreise durch das All erleben oder eine kreative Weltreise antreten? Dann solltest du dich unbedingt zu den Ferienkursen vom KuKi-Café anmelden. Auf folgender Seite findest Du das Programm und viele Infos:

kinderkulturausderkiste.de

Das Von der Heydt-Museum

*Seit über 100 Jahren kann man in Wuppertal-Elberfeld im **Von der Heydt-Museum** Kunst bewundern. Den Namen bekam das Gebäude 1961 als Erinnerung an die Familie von der Heydt. Vor allem **August von der Heydt** gilt als einer der größten Förderer seiner Heimatstadt Wuppertal und hat dem Museum zahlreiche Gemälde aus seiner bedeutenden Privatsammlung gespendet. Heute findest du hier 3.000 Gemälde, 500 Skulpturen und viele Zeichnungen bedeutender Künstler. Neben der Dauerausstellung hat sich das Museum seit einigen Jahren auch mit wichtigen Sonderausstellungen weltweit einen Namen gemacht. Allein die Ausstellung mit Werken des Künstlers Claude Monet im Jahr 2009 hat 297.000 Besucher nach Wuppertal gelockt!*

KuKi Ferienprogramm

Große Schlitztrommel aus Papua Neuguinea

Wie Kinder große Kunst entdecken

Dass alte Gemälde nicht nur verstaubte Schinken aus grauer Vorzeit sind, zeigt das *Kreativprogramm* des Von der Heydt-Museums. Die Kinderführung durch die Gemäldewelt der großen Meister hat es in sich. So hast du die Bilder sicher noch nie betrachtet. Im riesigen Museumskoffer gibt es Pinsel, Farbpaletten, Leinwände zu entdecken und vieles mehr, was ein richtiger Maler so braucht. Du willst einfach einmal ausprobieren, ob dir Kunst Spaß macht? Dann bist du herzlich eingeladen vorbeizukommen. Egal, im *Ob Minikunsttreff*, *JugendKunstKlub* oder bei *Ferienworkshops*: Beim Gestalten mit Farbe, Gips und Holz sind der Fantasie keine Grenzen gesetzt. Wer weiß, vielleicht bewundern wir demnächst deine Werke in einer Ausstellung. Hier findest du alle kreativen Angebote: **vdh-museum.de**.

Was andere Länder uns mit ihrer Kunst erzählen

Im ehemaligen Völkerkundemuseum auf der Hardt kannst du Gebrauchsgegenstände und Kunst aus Afrika und Asien bewundern, die Missionare einst von ihren Reisen mitbrachten. Ehrfürchtig steht man vor den großen Ahnenfiguren, Masken und den zahlreichen Schmuckstücken. Die große Schlitztrommel aus Papua Neuguinea darfst du sogar ausprobieren. Man kann sie als erstes schnurloses Telefon bezeichnen, denn mit der Trommel wurden schon vor 100 Jahren Nachrichten weitergegeben.

Kinder im Von der Heydt Museum

Wo Kinder musizieren, singen und tanzen

Es gibt noch mehr Schulen in Wuppertal, an denen du etwas Besonderes lernen kannst. Eine davon ist die *Bergische Musikschule*. Im Gebäude an der Hofaue in Elberfeld und in vielen Stadtbezirken bringen Musiklehrer Kindern und Erwachsenen bei, ein Instrument zu spielen – allein oder in der Gruppe. Teure I nstrumente kannst du mieten, um erst einmal herauszufinden, ob es das richtige für dich ist. Um schöne Töne geht es auch in der *Wuppertaler Kurrende*, einem Knabenchor mit langer Tradition. Hier singen ausschließlich Jungen in verschiedenen Chorgruppen. Für Mädchen gibt es seit 2002 die *Elberfelder Mädchenkurrende*. Wenn du Musik magst, aber weder singen noch ein Instrument spielen möchtest, macht dir vielleicht das Tanzen Spaß. Eine von vielen Schulen, die Tanz und Musik für Kinder anbieten, ist die *Werkstatt Wuppertal e.V.*

Was für ein Theater!

Ob Sprech- oder Musiktheater, Figuren- oder Tanztheater, in Wuppertal sind sie alle vertreten. Neben den nachfolgenden Spielstätten gibt es noch viele weitere wie das neue *Theater am Engelsgarten*, das *TalTonTheater*, das *Tic* und natürlich das *Kinder- und Jugendtheater*. Welche Bühne auch immer du bevorzugst, das direkte Erleben der Stücke ist einzigartig. Im Hier und Jetzt bist du inmitten des Geschehens rund um die Sänger, Schauspieler oder Tänzer. Ohne Ablenkungen wie bei der Werbung im Kino kannst du dich bei den Aufführungen von der Stimmung im Saal mitreißen lassen. Und ob du dir lieber ein Musical oder ein Ballett anschaust, danach wirst du diese Erinnerung in dir tragen. Du möchtest lieber selbst auf die Bühne? Dafür gibt es zum Beispiel *Ferienworkshops in der Börse*.

Wunschbriefkasten an der Nordbahntrasse

Wo Träume wahr werden

Die Arbeit der Alten Feuerwache ist aus unserer Stadt nicht mehr wegzudenken. Seit 30 Jahren findest du dort einen Ort, an dem Kinder täglich willkommen sind. Ein Angebot ist die Kulturwerkstatt, in der du dich als Schauspielerin, Musiker, Tänzerin oder Regisseur ausprobieren kannst. Mehr, etwa über das schöne Projekt „Mein Traumviertel" oder andere Veranstaltungen, erfährst du unter: **kulturwerkstattaltefeuerwache.de**

Warum das Opernhaus so besonders ist

Diese Spielstätte in Barmen hat viel mehr zu bieten, als ihr Name besagt. Denn hier werden nicht nur Opern aufgeführt, sondern auch *Schauspiele* und das *Tanztheater Pina Bausch*, die vorher im *Schauspielhaus* zu sehen waren. Unabhängig vom gewählten Stück kannst du erst einmal das Gebäude an sich auf dich wirken lassen, das 1905 eröffnet wurde. Nachdem Bombenangriffe im Zweiten Weltkrieg das Opernhaus zerstört hatten, baute man es 1956 wieder auf und inzwischen ist es ein prächtiges Bauwerk, das den Glanz der 50er-Jahre widerspiegelt. Gleichzeitig erfüllt es die hohen technischen Ansprüche der Zeit und verhilft so allen Darstellern zu einem tadellosen Auftritt. Von dem Hochwasser 2021 war das Opernhaus leider mit am schwersten betroffen. Das Wasser stand über einen Meter hoch im Orchestergraben, zerstörte die Bühnenelektrik und vieles mehr.

Das Opernhaus

Die Stadthalle

Wie die Historische Stadthalle zur „guten Stube" Wuppertals wurde

Seit der Eröffnung im Jahr 1900 gab es in und an der Stadthalle immer wieder Renovierungen. Besonders gelohnt hat sich die große Restauration, die einige Jahre in Anspruch genommen hat. Dabei gelang es zum Beispiel, einige der Gemälde wiederherzustellen, die schon 1900 die Innenräume zierten. Einer der acht prächtigen Säle ist der Große Saal. Er ist aber nicht nur der größte, sondern auch der höchste Raum in der Stadthalle, denn er dehnt sich über zwei Stockwerke aus. Seitlich entdeckst du vergoldete Dekorationen und Skulpturen und vorne auf der Bühne eine sehr große Orgel. Vielfältige kulturelle Angebote in Elberfeld finden hier und in den anderen Sälen statt. Die ausgezeichnete Akustik lässt Konzerte, z. B. die des *Wuppertaler Sinfonieorchesters*, zu einem Hörerlebnis werden und durch ihre historische Kulisse erhöht die Stadthalle den Reiz aller Vorträge oder Ausstellungen. Für Schulklassen gibt es spezielle Führungen und auch Theaterstücke für Kinder stehen immer wieder auf dem Programm.

Der Große Saal der Stadthalle

Welche Bedeutung das Tanztheater von Pina Bausch für Wuppertal hat

Unter der Leitung von *Pina Bausch* wurden Tanz und Theater nicht nur vereint, sondern auch weltberühmt. Oft wird jemand, der aus Wuppertal stammt, auch darauf angesprochen. Sollte dir das einmal so gehen, kannst du dir ein paar Eckdaten merken und sie stolz aus dem Hut zaubern: Pina Bausch? Ja, das war eine Tänzerin, die ihre Tanzausbildung in Essen gemacht hat. Hier in Wuppertal hat sie dann als Choreographin gearbeitet und ist mit ihrem Ensemble rund um die Welt gereist. Sie hat viele Preise gewonnen und ist 2009 gestorben.

Wo der Tanz selbst zum Experiment wird

Als 1973 das erste Stück aufgeführt wurde, war es so ungewöhnlich, dass das Publikum richtig irritiert war. In dieser Form hatte es

Szene aus „Vollmond“

Tanz noch nie gegeben. Bei Pina Bausch geht es immer um den Ausdruck großer Gefühle, und die Tänzerinnen und Tänzer kommen aus allen Kontinenten. Dieser ganz eigene Stil war mit der Zeit überall auf der Welt zu Hause und ist es noch heute. Ganz gewagt war Pinas Bauschs Versuch, ihr Stück „Kontakthof“ mit Laien einzustudieren. Und nicht nur das, diese Laien waren auch noch Damen und Herren ab 65! Nach der ersten, sehr überzeugenden Aufführung im Jahr 2000 ging das ältere Ensemble damit sogar auf Tournee. 2008 wiederholte Pina Bausch dieses Experiment noch einmal mit Teenagern ab 14, die einen ebenso durchschlagenden Erfolg hatten und auch viele Städte besuchten, um dort aufzutreten.

Impression über Pina Bausch

von Annett Seifert

Im Rahmen der Aktion „Du und Pina“ haben Sie eine Ihrer ganz persönlichen Erinnerungen mit vielen anderen Menschen geteilt. Wir freuen uns sehr, dass Sie diese nun auch hier noch einmal erzählen.

Sehr gerne. Vor ungefähr zwanzig Jahren habe ich eine kleine Geschichte erlebt, die mir bis heute in Erinnerung geblieben ist. Vielleicht weil ich Pinas Talent erlebt habe, aus jedem Augenblick etwas Besonderes zu machen.

Ich war auf einem Kindergeburtstag eingeladen, auf dem auch Pina zu Gast war. Die Kinder spielten längere Zeit draußen und kamen irgendwann wieder herein. Eines der Mädchen lief zu Pina und begann atemlos und aufgeregt zu berichten, was es alles erlebt hatte. Und Pina hörte zu. Nicht mehr, nicht weniger. Sie hatte diese seltene Gabe, sich ihrem Gegenüber hundertprozentig zu widmen. Egal, ob es nun der Bürgermeister, ein Busfahrer oder eben dieses Mädchen war, das nicht aufhörte, seine Geschichte zu erzählen. Pina war einfach auf ganz natürliche Weise aufmerksam und gab dem Kind das gute Gefühl, in diesem Augenblick das Wichtigste, Wertvollste und Spannendste im Raum zu sein. Auch alle anderen Personen im Raum waren wie in einen Bann gezogen, hörten bis zum Ende der Geschichte zu und erlebten für diesen Augenblick irgendwie selbst die Welt wie ein Kind.

Aktiv in Wuppertal

Von Pickkönigen, Nestschaukeln und Bachneunaugen

Viele Puzzleteile haben sich in den Kapiteln bereits verbunden, um aus Wuppertal ein Gesamtbild entstehen zu lassen. Du kennst inzwischen die historischen Ereignisse, die von einem Tal an der Wupper zur Stadt Wuppertal führten. Es ging um Persönlichkeiten, die hier geboren wurden, um Kriege und Verkehr. Haben dich die Seiten über die Grünanlagen oder die schönen Künste auf Ideen für den nächsten Ausflug gebracht? In diesem letzten Kapitel nimmst du noch einmal richtig Schwung auf, denn es geht um Aktivitäten. Die nächsten Seiten stehen stellvertretend für die zahllosen Angebote, die deine Stadt zu bieten hat. Nach dem Motto „Weg vom Bildschirm“ ist mitmachen angesagt. Hier kannst du deine ganz speziellen Fitmacher entdecken und dich richtig austoben! Anschließend geht es noch einmal an die Wupper. Fluss und Ufer bieten Raum für Tiere und Pflanzen, ermöglichen aber auch zusätzliche Aktivitäten und Sportarten.

Der Ballwechsel

Alexander war enttäuscht. Schon wieder hatte er nur auf der Bank gesessen – heute Morgen gegen den SV Bayer Wuppertal. Von wegen Fußballspielen, sein Sport nannte sich wohl eher Banksitzen für Fortgeschrittene. Kein Einsatz bei den Spielen, obwohl er sich beim Training echt anstrengte und sogar einer der Schnellsten war. Seinen Trainer schien das wenig zu interessieren. So hatte Alexander sich das nicht vorgestellt, als er vor einem Jahr angefangen hatte, im Verein zu spielen. Da hatte das Kicken mit seinen Freunden auf dem Bolzplatz viel mehr Spaß gemacht. Gut, dass er jetzt mit Nils und Sarah von nebenan verabredet war, um an der Skateanlage am Homanndamm zu üben. Das brachte ihn auf andere Gedanken. Nach ein paar Aufwärmrunden fragte Sarah: „Bereit für einen Ollie?" Dann ließ sie das Brett hochschnellen und schwebte damit scheinbar über dem Boden, bevor sie ein Stück weiter seitwärts mit leicht gebeugten Knien landete. Sah leichter aus, als es war, und so dauerte es über eine Stunde, bis die Jungs den Ollie-Trick gelernt hatten.

Auf dem Heimweg erzählte Alexander, wie ungerecht er seinen Fußballtrainer fand und dass seine Eltern dann immer von Durchhaltevermögen und nicht vorzeitig aufgeben sprachen. „Vielleicht sollte ich lieber nur noch boarden, anstatt den Ball höchstens von Weitem zu sehen." Nils konnte den Frust seines Freundes verstehen: „Na, du hältst doch schon lange durch auf der Bank, da sollen sie sich nicht beschweren." Ein paar Meter weiter kam Sarah eine Idee: „Wie wär's mit Ballwechsel, Alex? Komm zum Handball, wir suchen Leute. Ist echt fair bei uns, jeder wird eingesetzt. Wäre doch cool, du bei Nils und mir in der Mannschaft!" „Aber immer in der miefigen Halle?", wandte Alexander ein. „Außerdem kenne ich noch nicht mal die Regeln. Ich weiß nur, dass der Elfmeter beim Handball Siebenmeter heißt. Und es gibt weniger Spieler auf dem Feld." Nils sah das locker. „Kein Problem, solange du deine Tore wirfst und nicht schießt oder köpfst, ist alles gut! Die Regeln sind jedenfalls einfacher zu lernen als der Ollie." Als sie sich verabschiedeten, war Alexander bereit, beim nächsten Training am Donnerstag einmal mitzumachen. Aber nur testweise. Und obwohl natürlich Fußball das Größte war, ganz klar!

Jede Menge Sport im Tal

Wußtest du schon, dass ...

... man in Wuppertaler Vereinen rund ***80 verschiedene Sportarten*** *in über 100 Vereinen betreiben kann? Da hast du Auswahl in Hülle und Fülle!*

... Wuppertaler Sportlerinnen und Sportler unter anderem im Schwimmen, Federfußball, Rollhockey, Handball, Billard (Snooker), Tanzen, Drachenbootfahren und im Radrennsport schon viele Preise gewonnen haben?

... die Wuppertalerin Christa Vahlensieck eine Pionierin des ***Frauen-Marathons*** *war? Zwischen 1973 und 1989 hat sie als Mitglied des Barmer TV viele Langstreckenrennen gewonnen und Weltrekorde beim Marathon aufgestellt.*

*... die „**Wuppertal Wings**" vom BTV Gold-Zack bis zur Auflösung des Teams 2002 Deutschlands erfolgreichste Basketball-Spielerinnen waren?*

... auch Schach ein Sport ist? Das königliche Spiel trainiert deine grauen Zellen und wenn du Spaß daran hast, kannst du im Verein spielen und an Turnieren teilnehmen. ***Jugendschach*** *bieten zum Beispiel die Schachfreunde Vonkeln und die Elberfelder Schachgesellschaft 1851 an.*

... nur in Wuppertal gepickt wird? ***Picken*** *war früher die Freizeitbeschäftigung der Schleifer und Hammerschmiede. Es geht darum, mit einem Wurfholz möglichst viele hölzerne Pinne zu treffen. Der 1894 gegründete Cronenberger Pickverein „Grüne Eiche" ist weltweit der einzige noch aktive Pickverein. Einmal jährlich wird beim Königspicken der Pickkönig ermittelt.*

... der ***Wuppertaler Volkslauf*** *einer der ältesten Volksläufe in Deutschland ist? Bis 2019 ging es rund um die Ronsdorfer Talsperre, seit 2021 findet der Lauf auf dem Gelände des Sportzentrums SV Bayer an der Rutenbeck statt.*

... in den Sommerferien viele tolle Feriensportkurse angeboten werden? Welche Kurse wann starten, erfährst du beim Sport- und Bäderamt an der Hubertusallee in Sonnborn.

Weitere Informationen zu den Feriensportkursen und eine Liste aller Sportarten und Vereine findet du online auf ***wuppertal.de unter Touristik & Freizeit > Sport.***

Wie du auch ohne Verein fit bleibst

Wenn es um sportliche Aktivitäten geht, brauchst du nicht unbedingt einen Sportverein. Es gibt in Wuppertal weit über 250 Spielplätze, auf denen du dich austoben kannst. Zu einigen gehören auch *Spielplatzhäuser*, die feste Programme anbieten. Sport-und Bolzplätze stehen dir und deinen Freunden auch zur Verfügung. Ihr braucht nur einen Ball mitzubringen und los geht's! Außerdem gibt es noch 10 *Skateanlagen*, die getestet werden wollen. Neben diesen vielen kostenfreien Angeboten kannst du bei jedem Wetter auch mal bei einer Runde *Minigolf* punkten oder zum Schwimmen ins nächste *Freibad* gehen. Ist es dafür zu kalt, gibt es die *Hallenbäder*, um ein paar Bahnen zu schwimmen.

Warum Klettern angesagt ist

Im Kletterzentrum *Wupperwände* geht es hoch hinaus, im *Naturhochseilgarten* kannst du selbst wählen, wie weit du dich von der Erde entfernen möchtest. Hier gilt es, in Höhen von 1 bis 10 Metern die unterschiedlichsten Hindernisse zu überwinden. Beim Klettern kommt es aber nicht nur auf den nächsten Griff oder Schritt an. Was zählt, ist der Spaß an der Bewegung und vor allem die Teamarbeit. Denn ohne die Mithilfe der Anderen hängst du hilflos in den Seilen!

Wie Bälle auch ohne Zauberei fliegen

Wenn du beim Quidditch am liebsten selbst den Quaffel geworfen hättest, gefallen dir bestimmt Sportarten wie *Gorodki*, *Taiji Bailong Ball* oder *Bossaball*. Gorodki ist ein osteuropäisches Wurfspiel, Taiji Bailong Ball eine Trendsportart aus China und beim Bossaball mischen sich akrobatische Elemente mit Fuß- und Volleyball. Auch in Wuppertal werden diese Sportarten zum Austoben angeboten, in denen du deine Geschicklichkeit im Umgang mit Bällen & Co beweisen kannst.

Auch wenn du mal keine Lust auf Sport hast, musst du dich in Wuppertal mit den folgenden Tipps der Stadtführer nicht langweilen. Sie bieten Führungen an, bei denen die gewohnte Umgebung unter die Lupe genommen wird. Aber zurück zu den Tipps: Wonach wäre dir gerade jetzt? Nach einem Fleckchen wilder Natur oder eher nach einer galaktischen Wanderung? Such dir etwas aus und los geht's:

… galaktisch

Kannst du dir den Umfang unseres Sonnensystems gut vorstellen? Den meisten fällt das schwer, da zwischen den Planeten unglaubliche Entfernungen liegen. Der *Planetenweg „Astropfad"* zeigt das Modell maßstabsgetreu auf über 10 km. Er wurde von Schülern und Lehrern des Gymnasiums Sedanstraße entworfen. An der Werther Brücke in Barmen beginnst du mit der Sonne, dargestellt als Brunnen. Von dort aus gehst du den Werth entlang und stößt dabei immer wieder auf Platten im Boden, die Planeten und Monde mit ihren jeweiligen Entfernungen zur Sonne darstellen. Er endet an der Schwebebahnhaltestelle Vohwinkel mit Pluto. Unsere Erde samt dem kleineren Mond findest du näher beisammen und nur 270 Meter weit von der Sonne entfernt auf Höhe Werth 62.

Start des Astropfades: Der „Kugelbrunnen" ist die Sonne

… stinkig

Toiletten in Wohnungen sind eine eher neumodische Erfindung. Früher ging man meist nach draußen, um sein Geschäft zu erledigen. Dort standen sie, in Winterzeiten bitterkalt und immerzu stinkig. „Driethüskes" nannten die Wuppertaler ihre Klohäuschen. Vielleicht sägten die Leute auch deshalb herzförmige Öffnungen hinein, um diese „Plumpsklos" ein wenig hübscher zu machen? Drei dieser „Driethüskes" findest du im Hinterhof der Luisenstrasse 92 a. Solltest du gerade auf der galaktischen Astropfad-Wanderung sein, der Uranus befindet sich auf Höhe der Hausnummer 110! Mit ein wenig Glück sind die herzigen Häuschen nicht verschlossen und du kannst dir ansehen, wie sie von innen aussehen.

Die Station Natur und Umwelt

… wild

Ein besonderer Erlebnisort ist die *Station Natur und Umwelt*. Dort ist das Motto „Natur erfassen – Natur zum Anfassen“ zu jeder Jahreszeit Programm. Ob es sonnig ist, regnet oder schneit – du bist immer mittendrin in der Natur. Also, nichts wie rein in die wetterfeste Kleidung und raus in den Wald, denn das Abenteuer Wildnis wartet in Cronenberg auf dich! Vom Igelgarten bis zur Ferienfreizeit für Räuber, von der Waldspielgruppe bis zum Forscher-Geburtstag ist bestimmt eine Veranstaltung dabei, die dir Spaß macht. Viele Angebote richten sich an Schulklassen, Familien oder Gruppen, aber auch Einzelanmeldungen sind möglich. **www.stnu.de**

… tierisch

Am westlichen Stadtrand von Wuppertal, in der Rutenbeck, liegt die *Kinder- und Jugendfarm*. In Wuppernähe findest du abseits der Straße alles, was zu einer richtigen Farm gehört. Vom Meerschweinchen bis zum Pony geht es hier ganz schön tierisch zu. Auf der Kinder- und Jugendfarm ist jeder willkommen, der Tiere mag und gerne mithelfen möchte. Zu tun ist immer genug, schließlich wollen alle Tiere gefüttert und ihre Behausungen gereinigt werden. Unter fachkundiger Anleitung lernst du, was ein Landei so können muss und für Streicheleinheiten der Kätzchen ist auch noch genug Zeit. Vielleicht werkelst du aber auch lieber auf dem Bauspielplatz oder beobachtest Libellen am Ökoteich / vieles ist möglich. In den Ferien kannst du dich zu besonderen Programmpunkten anmelden.
www.jugendfarm-wuppertal.de

… unheimlich

Ein wenig Mut brauchst du schon beim Gang durch den alten *Posttunnel*. Am Vohwinkler Bahnhof gibt es diese unterirdische Besonderheit zu besichtigen. Der Tunnel verläuft unter der historischen Bahnhalle, die auch einen Besuch wert ist, und endet auf den Bahnsteigen. Zum Tag des offenen Denkmals erstrahlt der Tunnel auch schon mal in besonderem Licht. Für einen Ausflug mit deiner Klasse wäre das genau das Richtige, denn eine Besichtigung ist nur mit angemeldeter Führung möglich. Info unter: **www.buergerbahnhof.com**

Bemerkenswert

Zu Wasser, an Land und in der Luft

Wie groß die **Vielfalt der Wuppertaler Tier- und Pflanzenwelt** ist, siehst du bereits, wenn du dir den Flussverlauf genauer anschaust. Die Eisvögel, Schwarzspechte, Graureiher, Kormorane und sogar Uhus finden ein reiches Angebot in der Wupper. Vor einigen Jahren hätte niemand gedacht, dass es heute wieder so viele Fischarten im Fluss gibt. Lachse und Meerforellen kennst du sicher, aber hast du auch schon von Äschen, Bachneunaugen und Elritzen gehört? Das sind nur einige der mittlerweile 30 registrierten Arten. Wundersame Namen gibt es auch unter den Pflanzen am Ufer. Riesen-Bärenklau oder Japanischer Staudenknöterich wachsen hier ebenso wie das „Drüsige Springkraut", das auch „Wupperorchidee" genannt wird.

Welche Aktivitäten die Wupper bietet

Sportlich kannst du dich auf dem Wasser fortbewegen. Es gibt am Beyenburger Stausee Möglichkeiten zum Tretboot- oder Ruderbootfahren und auch Kanusport wird hier ausgeübt. Du magst lieber gleich richtig eintauchen? Für Schwimmer ist eine Badestelle vorhanden. An einigen Stellen kann auch getaucht oder geangelt werden. Wer gerne am Wasser ist, aber nicht unbedingt hinein möchte, der tummelt sich an den verschiedenen Wupperzugängen oder läuft Teile des *Erlebnisweges Wupper* entlang. Der 125,5 km lange Wupperweg lädt dazu ein, dem Lauf der Wupper zu folgen. Keine Sorge, es gibt mehrere Etappen und so musst du nicht gleich die gesamte Strecke ablaufen! Einige der Wupperwege lassen sich auch per Rad gut befahren.

Eisvogel mit Beute

Wie du dazugehörst

Bereits im ersten Kapitel dieses Buches hast du gelesen, dass Flüsse in ständiger Bewegung und Veränderung sind. Viele dieser Veränderungen hat die Wupper seit den Zeiten der Ur-Wupper durchlebt. Denk nur einmal an den Regenbogenfluss und wie gut sich die Wasserqualität und das Leben im Fluss wieder erholt haben. Umgestaltungen wird es auch künftig geben. Aber nicht nur die Wupper, auch die Stadt entwickelt sich ständig weiter. Du kannst beobachten, welche Veränderungen sich in deinem Umfeld ergeben. Bleib einfach neugierig und halte die Augen offen!

Brückenpark Müngsten

*Ein Ausflug zur **Müngstener Brücke** lohnt sich für die ganze Familie. Im Park unterhalb Deutschlands höchster Eisenbahnbrücke gibt es Spannendes zu sehen und zu erleben. Auf Rätselfans wartet das **Brückenparkrätsel**, eine **Schwebefähre** pendelt von einem zum anderen Wupperufer und auf einem **Spiel- und Bewegungspfad** entdeckst du außer einer Himmelsleiter und einer Kurvenrutsche auch lustige Wackelschafe. Durch die Wupperberge führen Wanderwege zu einem **Aussichtspavillon**. Keine Lust zu wandern? Wie wäre es dann mit einer Runde Minigolf oder einem Picknick an der Wupper?*

*Die größte Attraktion ist der **Klettersteig** auf der Müngstener Brücke – ein Abenteuer für Mutige und Schwindelfreie! Kinder ab 6 Jahren dürfen in Begleitung eines Erwachsenen bei geführten Touren über den stählernen Brückenbogen bis zum höchsten Punkt mitklettern. Die Kletterpartien dauern über zwei Stunden – und der Spaß ist nicht kostenlos. Man muss sich vorher anmelden und Tickets kaufen.*

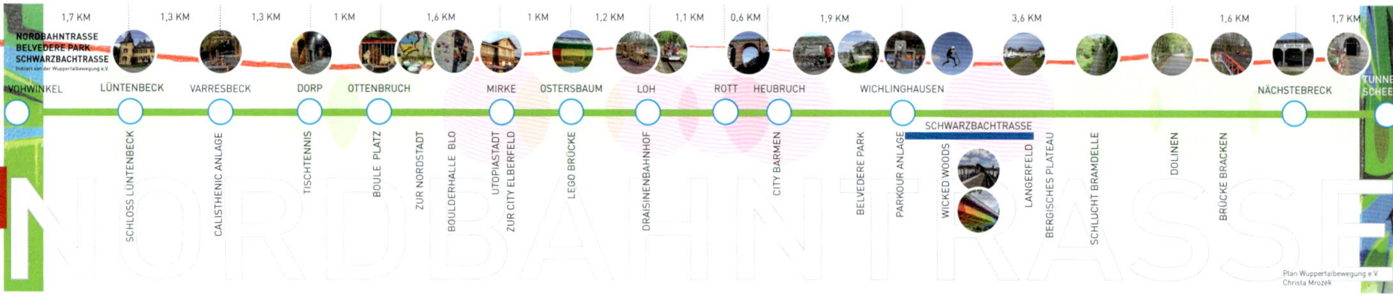

Wie du auf der Nordbahntrasse aktiv werden kannst

Wenn du Lust auf Spaß und Bewegung aller Art hast, dann auf zur Nordbahntrasse! Die Trasse ist Teil des ***Bergischen Panorama-Radwegs*** und ideal geeignet zum Radfahren, Skaten, Laufen oder Wandern. Aber das ist längst noch nicht alles. Du kannst sieben beleuchtete Tunnel erkunden, von fünf besonders hohen, langen Brücken (Viadukten) Wuppertal aus tollen Perspektiven bewundern und viele Teile der Stadt ohne Auto, Bus und Schwebebahn erreichen.

Viadukt Wichlinghausen

Draisine fahren

Am alten Bahnhof Loh kannst du im Sommer sonntagnachmittags ein besonderes Bahndienstfahrzeug als Fortbewegungsmittel auf Gleisen der Rheinischen Eisenbahn nutzen. Die Draisine wird auf der 1,6 Kilometer langen Draisinenstrecke wie ein Fahrrad mit Muskelkraft betrieben. Zwei Personen treten in die Pedale, sechs Erwachsene oder Kinder können gemütlich sitzend mitfahren. Die Fahrten werden kostenlos angeboten.

Holzlokomotive am Spielplatz Loh

Welche Geschichte der Gaskessel hat

Wenn du in den Bezirk Heckinghausen fährst, kannst du ihn nicht übersehen. Wie ein Stahlriese ragt der Gaskessel in den Himmel. Es ist das höchste, öffentlich zugängliche Gebäude Wuppertals. Viele Jahre diente er der Speicherung von Gas. Seit 1998 steht der Behälter unter Denkmalschutz.

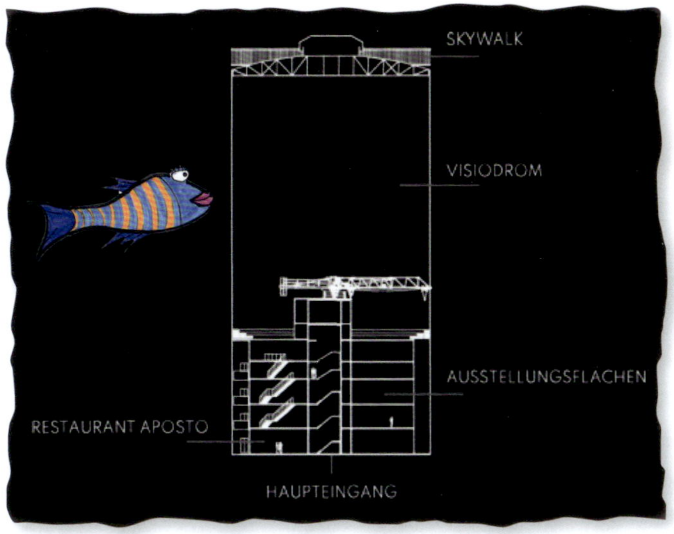

Was du heute hier erleben kannst

Nach fast 20 Jahren, in denen der Gaskessel nur hin und wieder seine Farbe veränderte, hatten Architekten die Idee zu einem einzigartigen Projekt. Ein Lichtspielhaus der besonderen Art sollte im Innenraum entstehen. Dazu wurde er sehr aufwendig zum *Visiodrom* umgebaut. Hier zeigen 29 große Projektoren Bilder und Videos auf Wänden und der Kuppel. Zusammen mit Musik und Soundeffekten kannst du hier etwas mit allen Sinnen erleben, das in Europa einzigartig ist. Eine Ausstellung im unteren Teil zeigt Originalteile des alten Gaskessels und ergänzt die Bildshows zu unterschiedlichen Themen. Ganz Mutige gelangen über die Außentreppe auf den etwa 70 Meter hohen Skywalk der Dachterrasse und haben eine atemberaubende Aussicht.

Aktion „Gaskesselfisch"

Wo Kunst lebendig wird

Besondere Aktionen bietet das Visiodrom für Kinder. Selbst gestaltete Bilder aus verschiedenen Themenbereichen werden bearbeitet und können auf der Riesenleinwand bestaunt werden. Viele Ideen warten noch darauf, mit Schulklassen und anderen Gruppen auf die Leinwand gebracht zu werden.

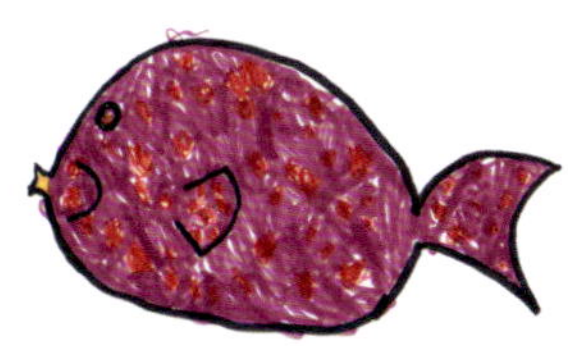

Register

Bildnachweis

S. 11: Neanderthal Museum Mettmann / S. 12: Jörg Lange / S. 13: fotolia, Foto-Ruhgebiet / S. 14: Domkapitel Aachen, Pit Siebigs / S. 17: Tim Keller / S. 23: Stadtarchiv Wuppertal / S. 25–27: Bürgerverein Langerfeld e. V. / S. 29: Wikipedia gemeinfrei, Wilhelm Riefstahl / S. 30: Stadtarchiv Wuppertal / S. 31: Sigrid Lekebusch / S. 33: Wikipedia gemeinfrei/ S. 35: Sammlung Antonia Dinnebier (oben); Stadtarchiv Wuppertal (unten) / S. 37: *www.heiligenlexikon.de* (links); Frank Carpa (rechts) / S. 38: Stadtarchiv Wuppertal, Fritz Jorde / S. 39: Wikipedia gemeinfrei (links); Sigrid Lekebusch (rechts) / S. 41: Stadtarchiv Wuppertal / S. 44: Lutz Hoffmeister / S. 47: Stadtarchiv Wuppertal / S. 48: Sigrid Lekebusch / S. 51: Stadtarchiv Wuppertal / S. 53: Christa Deeke (oben); Stadtarchiv Wuppertal (unten) / S. 55: Stadtarchiv Wuppertal / S. 56: Medienzen-trum Stadt Wuppertal (oben); Klaus Wankmiller (unten links); Medienzentrum Stadt Wuppertal (unten rechts) / S. 58–59: Stadtarchiv Wuppertal / S. 61: Sammlung Günter Konrad, erhalten von Kurt Schwerter / S. 62: Sammlung Günter Konrad, erhalten von Josua Halbach / S. 63: Sammlung Günter Konrad, erhalten von MGV Eintracht (oben); Klaus-Günther Conrads (unten) / S. 64: Sammlung Günter Konrad / erhalten von Kurt Schwerter / S. 65: Sammlung Günter Konrad, erhalten von L. Berg (links); Sammlung Günter Konrad, erhalten von Medienzen-trum Wuppertal (rechts) / S. 68: Stadtarchiv Wuppertal (links); Jürgen Rottmann (rechts) / S. 71: Stadtarchiv Wuppertal / S. 75: Jan Niko Kirschbaum / S. 76: Bandweberei Kafka / S. 80: Historisches Zentrum Wuppertal / S. 81: Sigrid u. Wolfgang Jacobeit: Illustrierte Alltagsgeschichte des deutschen Volkes 1810–1900, Pahl-Rugenstein Verlag Köln, 2. Aufl. 1988 / S. 120, Bild-Nr. 127; Archiv der Verfasser / S. 82: Festschrift der Städtischen Grundschule Germanenstraße anläßlich ihres 75-jährigen Bestehens (1974) / S. 83: fotocommunity, Georg Hollaz / S. 84: Stadtarchiv Wuppertal / S. 87: Ausschnitt, August von Wille (1870), entnommen aus: Herbert Pogt, *Historische Ansichten aus dem Wuppertal*, Wuppertal 1989) / S. 89: Stadtarchiv Wuppertal (beide) / S. 89: Stadtarchiv Wuppertal, entnommen aus: *Karl Marx und Friedrich Engels – Ihr Leben und ihre Zeit* / Berlin 1986 / S. 93: Stadtarchiv Wuppertal, Fritz Jorde / S. 94: Stadtarchiv Wuppertal / S. 95: Foto von Klaus Schönberger, Alexander-Seitz-Geschichtswerkstatt für Marbach und Umgebung e.V. / entnommen aus: *Illustrierte Geschichte des Arbeitersports*. Hg. von Hans Joachim Teichler und Gerhard Hauk / J.H.W. Dietz Nachf. / Bonn 1987 / S. 96: Stadtarchiv Wuppertal / entnommen aus: Battenfeld / B. / *Kultstaubsauger Kobold. Der mit der Trockenhaube* / Berlin 1. Aufl. 1998 / S. 99: Wikipedia gemeinfrei / Wilhelm I. auf einem Porträt des Hoffotografen Wilhelm Kuntzemüller (1884) / S. 102: Sigird Lekebusch / S. 106: Wikipedia gemeinfrei / S. 107: Sammlung Förderverein Konsumgenossenschaft Vorwärts Münzstraße; entnommen aus: de Bruyn / *1200 Jahre Barmen* / Wuppertal 2009 (beide) / S. 109: Stadtarchiv Wuppertal / entnommen aus: Klaus Goebel / *Unter Hakenkreuz und Bombenhagel* / S. 45 / Foto: Rolf Marcus / S. 111: Katy und Frank Göbel / *www.LG3949.de* / S. 112: Herkunft unbekannt (links); Sammlung N. Krüger / Bearbeitung H. Günther (rechts) / entnommen aus: de Bruyn / *1200 Jahre Barmen* / Wuppertal 2009 (beide) / S. 116: Sandra Balcke / S. 123: fotolia / Elisabetta Figus / S. 125: Werner Jacken / S. 127: entnommen aus: Kalender *Glauben / leben / lernen 2008 – jüdisch / christlich / muslimisch /* Runder Tisch Wuppertal 2007 / Foto: Uli Kopka (oben); Karl Federschmidt (unten) / S. 129: Karina Hohenleitner / Buddhistisches Zentrum Wuppertal (Künstlerin Bruni Freist-Kramer) / S. 131: Simone Jacken (beide) / S. 135: Johannes Rau: *www.bundespraesident.de* (09.07.2014) / Foto BPA; Wilhelm Dörpfeld: Stadtarchiv Wuppertal; Else Lasker-Schüler: Stadtarchiv Wuppertal; fotolia / Picture-Factory (unten rechts) S. 136: Bernhard Letterhaus: Ossé / Bernhard-Letterhaus-Archiv Wuppertal; August von der Heydt: Stadtarchiv Wuppertal; Peter de Weerth: Heinrich Christoph Kolbe: Bildnis Peter de Weerth / 1825 / Leinwand / 106 x 88 cm / Inv. G 0730 / Von der Heydt-Museum Wuppertal / S. 137: Helena Weber: Thomas Helbig / S. 139: Zuckerfritz: Sigrid Lekebusch; Husch-Husch: Sandra Balcke / S.140: Illustr. Klaus Burandt entnommen aus: Winkelsen/Burandt / Liebenswerte und andere Originale / Wuppertal 2015 / Mina Knallenfalls: Sigrid Lekebusch; Johanna Faust: Postkarte / Stadtarchiv Wuppertal / S. 142: Bergischer Geschichtsverein / Kulturamt und Presse- und Informationsamt der Stadt Wuppertal; Arvchiv / S. 143: Stiftung Rheinisch-Westfälisches Wirtschaftsarchiv zu Köln / aus dem Bestand 107 Deutz AG / S. 144: PeKo-Art / S. 147: Marie Luise Oertel (oben); Jan Niko Kirschbaum (unten) / S. 149: büro+staubach / Berlin und WSW Wuppertaler Stadtwerke GmbH / Wuppertal / S. 151: Die Holsteiner Treppe in Elberfeld: Hans-Peter Grünen / S. 152: Klaus-Günther Conrads / S. 153: Depositum BGV (links); Stadtarchiv Wuppertal / Max Biegel (rechts) / S. 155: Stadtarchiv Wuppertal / S. 156: Sandra Balcke (oben); Postkarte Wilhelm Fülle / Sammlung W.R. Reimann (unten) / S. 158: fotolia / adimas / S. 159: Wuppertal Bewegung e.V. / Yvonne Schmitz / S. 163: Postkarte / Wolfgang Nicke (ganz oben); Zoo Wuppertal / Barbara Scheer (oben); Jan Niko Kirschbaum (unten)/ S. 164-165: Andreas Haeser-Kalthoff / S. 167: Klaus-Günther Conrads / S. 171: Skulpturenpark Waldfrieden / S. 173: Stadtbibliothek Wuppertal / Thomas Pilling (beide) S. 175: Westdeutsche Zeitung / Andreas Fischer / S. 177 Foto Stadt Wuppertal (links) / GEPA – C. Nusch (oben rechts) / GEPA –A. Fischer unten rechts S. 179: Junior Uni / S. 180: A. Gräve / S. 181: Reinhard Elbracht (oben) / Von der Heydt Museum (unten) / S. 182: Tom V Kortmann (beide) / S.183 Björn Krüger (oben) / Tom V Kortmann / S. 184: Tom V Kortmann (beide) / S. 185: Laurent Philippe / S. 189: fotolia VRD / S. 190: ISG Barmen-Werth Kortmann / S. 191: Station Natur und Umwelt / Peter Noltze / S. 192: fotolia / Erni / S. 193: Stefan Siegler / S.194 Christa Mrozek: Wuppertalbewegung e.V. / S.195 Ch. Höher

Anmerkung: Die Urheberschaft konnte nicht in allen Fällen eindeutig ermittelt werden, da die betreffenden Fotos bzw. Vorlagen darüber keinerlei Angaben enthalten und somit für Ermittlungen keinen Anhaltspunkt bieten. Hier bitten wir um Nachsicht und entsprechende Informationen. Ansonsten sind wir allen erkennbaren Hinweisen nachgegangen.

Danksagungen

Wir danken der Neustarthilfe Kultur der Bundesregierung, die die dritte komplett überarbeitete Neuauflage gefördert hat.

Wir danken den Sponsoren, die die Finanzierung der ersten Auflage des Sachbuchs für die Grundschulen gefördert haben:

akzenta – lecker, günstig, nett

Dr. Berthold Breidenbach Stiftung

Brennscheidt-Stiftung

E/D/E

jackstädt stiftung

Die SchuhGröße KLAUSER

Michael Pintarelli – Finanzdienstleistungen AG –

Stiftung Kalkwerke Oetelshofen

Stiftung Kalkwerke Oetelshofen

Vereinigung Bergischer Unternehmerverbände e.V.

Vereinigung der Freunde der Stadtbibliothek Wuppertal e.V. Gegründet 1903

Vorwerk Stiftung

Siegfried u. Christa Wirtz Stiftung
für Kinder / Jugendliche und junge Erwachsene in Wuppertal

Mitglieder und Freunde des BGV / Abt. Wuppertal:
Margot Andree / Peter Bau / Peter von Baum / Doris Bender / Dr. Horst und Frauke Bentrup / Gisela Berghoff / Dr. Martin Blunck / Axel und Hella Brüninghold / Thomas Buckard / Ellen Bursch / Wilfried Buscher / Burkhard und Christa Buse / Marc Chudaska / Karin Conrad-Linden / Ingrid Dausch / Gudrun Doberkat / Gerhard Esser / Dr. Alexander Gerharts-Dörken / Mia und Ehrfried Frohmüller / Ingrid Grajetzky / Dr. Peter Grünefeld / Dr. Wolfgang und Helga Günther / Paul Happ / Ursula Harke / Karola und Eberhard Henkels / Hinrich Heyken / Hans Joachim Hybel / Anneliese Kempgen / Renate Kleinschmidt / Dr. Michael und Lisa Knieriem / Petra Körbächer / Dr. Wolfram Lang / Dr. Helmut Lekebusch / Dr. Peter Lepke / Dr. Harald und Christel Limprecht / Manfred Lück / Brigitte Mahr / Bodo Müller / Renate Müller / Waltraud Müller / Dr. Folke Obermark-Stiller / Dr. Wolf Dietrich Pflugbeil / Dr. Wolfgang und Anne Pütz / Bernward Reineke / Bärbel und Frieder Rennen / Rainer Reuter / Christel Rink / Doris Sarrazin / Ute Scharmann / Marianne Schmitz / Udo Schneider / Inge Schöntaube / Dr. Ilka Schröder-Kleimenhagen / Klaus Schumann / Helga Steffens / Dr. Peter und Mariannne Stoffel / Anna Maria Strachowsky / Klaus Tesch / Horst Werner Tüsselmann / Hans Walter und Monika Kolk / Dr. Helmut und Karin Wermbter / Dr. Wolfgang Wicht / Luise Wippermann / Prof. Volkmar Wittmütz / Anne Wirtz / Sigrid Wolf / Konrad und Annegret Zimmermann.

Der besondere Dank des Verlages und der Autorinnen für fachliche Unterstützung / Anregungen und Engagement gilt:
Anne Bien – Gepa Presse / Buddhistisches Zentrum Wuppertal / Dörthe Bald – Alte Feuerwache / Dieter Bieler - Giesen – Stadt Wuppertal / Julia Dürbeck – von der Heydt Museum / Gregor Eisenmann - Lichtinstallationen / Karl Federschmidt / Geodatenzentrum Wuppertal / Anja Gräve – Kuki Stadt Wuppertal / Bruno Hensel – Zooverein / Christian Höher – Visiodrom / Margret Hahn / Beate Haude / Jürgen Holzhauer / Irene Idel / Werner Jacken / Junior Uni / Gunnar Kohleick / Günther Konrad / Michael Landgraf – Lied der Religionen / Ute Gudenau-Merklinger / Lara di Munro - Fairtrade Deutschland / Christa Mrozek – Wuppertalbewegung e.V. / Katrin Petersen – Presseamt Stadt Wuppertal / Georg Rose – Radio Wuppertal / Ariane Staab – Junior Uni / Susanne Varnhorst – Stadt Wuppertal / Medienzentrum Wuppertal / Museum für Frühindustrialisierung / Saraswati Albano Müller / Annett Seifert / Christel Stratmann / Ruth Yael Tutzinger / Stadtarchiv Wuppertal / Bruder Dirk Wasserfuhr / Marga Weber / Der Grüne Zoo Wuppertal.